Lektürehilfen

Arthur Schnitzler

Leutnant Gustl
Traumnovelle

von Wolf Dieter Hellberg

Klett Lerntraining

Wolf Dieter Hellberg, Leiter eines Bonner Gymnasiums und mehrjähriger Fachleiter in der Lehrerausbildung (Deutsch).

Die Seiten- und Zeilenangaben zu den Textzitaten beziehen sich auf die Ausgaben: Arthur Schnitzler, *Leutnant Gustl*, mit Materialien, ausgewählt von Stefan Schäfer, Stuttgart/Leipzig: Ernst Klett Verlag, 2009, und *Traumnovelle*, mit Materialien, ausgewählt von Andreas Erb, Leipzig/Stuttgart/Düsseldorf: Ernst Klett Schulbuchverlag Leipzig, 2005.

9 783129 230572

Bibliografische Information der Deutschen Bibliothek
Die Deutsche Bibliothek verzeichnet diese Publikation in der Deutschen Nationalbibliografie; detaillierte bibliografische Daten sind im Internet über http://dnb.ddb.de abrufbar

Auflage 5. 4. 3. 2. | 2013 2012 2011 2010
Die letzten Zahlen bezeichnen jeweils die Auflage und das Jahr des Druckes.

Umschlagfoto: The Granger Collection, New York
Satz: DOPPELPUNKT, Stuttgart
Druck: Beltz Druckpartner, Hemsbach
Printed in Germany
ISBN: 978-3-12-923057-2

Inhalt

I Einführung: Epochenumbruch um 1900

Schnitzlers Überwindung des Realismus und des Naturalismus

Die recht uneinheitliche Strömung des Realismus in Deutschland (1830–1880) war einerseits geprägt durch historische und technische Entwicklungen (Industrialisierung, Technisierung, Entstehen der sozialen Frage), andererseits durch eine veränderte Sicht auf die Wirklichkeit. Man wollte sich nicht mehr idealistischen Ideen – wie in vorangegangenen Epochen – verschreiben, sondern sich an der Wirklichkeit des Lebens orientieren.

Ablehnung idealistischer Ideen im Realismus

Maßgeblich war nun nicht mehr das Bewusstsein des Menschen, sondern die in der Natur und in der Gesellschaft herrschenden Prinzipien. Dabei vernachlässigte man aber jegliche Darstellung einer sozialen, physischen oder psychischen Misere, man wählte vielmehr die Gegenstände unter einem künstlerischen Aspekt aus. Auch Fontanes Sachlichkeit und illusionsloser Bezug zur Wirklichkeit der Berliner Gesellschaft umging trostlose Aspekte des menschlichen Elends in Berlin.

Wahl der realistischen Gegenstände unter künstlerischer Perspektive

Die kurze Phase des Naturalismus (1880–1900) muss als Protest gegen den teilweise trivialen und spießbürgerlichen Realismus einer häufig selbstgefälligen Gesellschaft gesehen werden. Der Naturalismus verstand sich selbst vor allem als Radikalisierung des Realismus. Die Autoren des Naturalismus nahmen Partei für die Masse und sprachen sich gegen den Individualismus aus. Sowohl in den vielen theoretischen Schriften als auch in ihren Dramen, Novellen und Romanen stellten sie sich auf die Seite der Armen, der Rechtlosen und der Außenseiter.

Radikalisierung im Naturalismus

Milieutheorie des Naturalismus

Der neue Ansatz der Literatur ging davon aus, dass der Mensch Produkt von Vererbung und Milieu sei (Milieutheorie). Der Mensch werde so weit von seiner Vererbung, seiner Umwelt, den politischen Gegebenheiten sowie der historischen Entwicklung beeinflusst, dass das Schicksal des Einzelnen weitgehend vorherbestimmt (determiniert) sei und er ohne Selbstverschulden handle (Determinismus). Um dies nachvollziehbar zu machen, scheuten die Autoren nicht vor der Wiedergabe widerwärtiger Szenen sowie vor der Darstellung unkontrollierter, triebhafter Seiten des Menschen und abstoßender Geschehnisse zurück.

Radikalisierung der Sprache im Naturalismus

Zugleich veränderte sich auch die Form der Darstellung in der Literatur radikal. Dialekte, umgangssprachliche Elemente, vulgäres Sprachmaterial flossen ebenso ein wie die schriftliche Wiedergabe des unmittelbar Gesprochenen. Durch Interpunktion und weitere Schriftzeichen sollte die minutiöse Wirklichkeit wie in einer Musikpartitur ausgedrückt werden („Sekundenstil“) (z.B. G. Hauptmann, *Die Weber* und *Bahnwärter Thiel*, A. Holz/ J. Schlaf, *Papa Hamlet*).

Die literarischen Strömungen um 1900 zerfielen dann als Gegenströmungen zum Naturalismus in eine Vielzahl unterschiedlicher Tendenzen.

Gegenströmung zum Naturalismus – Dekadenzdichtung und Impressionismus

Am häufigsten werden zur Einordnung der Werke von A. Schnitzler die Stilrichtungen „Décadence“ (frz. Verfall, Niedergang) und „Impressionismus“ verwendet. Beide Erscheinungen betonen den Subjektivismus.

Die „Dekadenzdichtung“ sieht Europa im Zeitalter einer verfallenden Kultur. Hieraus entsteht eine besondere „Ich-Kultur“, deren Kennzeichen unter anderem der Blick in die menschliche Seele mit ihren Abgründen ist.

Sinneseindrücke und Sprache

Der literarische Impressionismus kurz vor und nach der Wende des 19. Jahrhunderts zum 20. Jahrhundert betont gleichfalls die subjektiven Wahrnehmungen. Dabei stehen nicht mehr die Objekte im Vordergrund, sondern die Eindrücke, die sie hervorrufen. Um die persönlichen Sinneseindrücke zu schildern, wird eine möglichst differenzierte Sprache und Ausdrucksform gesucht. So ist Schnitzlers bahnbrechende Technik des inneren Monologs (angeregt durch einen französischen Roman), die er erstmals in seiner Novelle *Leutnant Gustl* angewandt hat, ein besonderes Gestaltungsmittel, mit dem er tiefenpsychologisch das Innere der Titelfigur darstellen kann. Zugleich atomisiert Schnitzler mit diesem Mittel auch das Dasein des Leutnants in viele Einzelelemente und kommt mit dieser Zersplitterung des Ichs einem impressionistischem Stil entgegen.

Zersplitterung des Ichs

1890 bildete sich im berühmten Literaten-Café Griensteidl die Gruppe „Jung Wien", zu deren wichtigsten Mitbegründern Arthur Schnitzler gehörte. Anfangs war Hermann Bahr ein wichtiger Theoretiker dieser Gruppe. Er schrieb 1890 eine programmatische Schrift für die Wiener Moderne („Die neue Psychologie"). Wenn Kunst nur darauf ausgerichtet sei, kausale Zusammenhänge aufzudecken, sei sie nichts anderes als eine Auslegung bestimmter wissenschaftlicher Theorien. Kunst müsse die Konflikte unter der Oberfläche der bewusst erfahrbaren Realität erfassen; sie müsse eine scharfe Grenze ziehen zwischen dem Begreifbaren und dem wissenschaftlich Erklärbaren sowie zwischen dem Unheimlichen und dem noch nicht Erkennbaren. Die neue Triebfeder des Handelns sind die Gefühle von Lust und Unlust, man will sich nur ungern moralischen Verpflichtungen oder ideellen Gedanken widmen

Kunst und das Unterbewusste

Im Zuge der Ideen einer neuen Psychologie in der Literatur bildet sich ein neuer Subjektivismus aus: Anstatt das eigene Leben zu planen, lässt man sich von den jeweiligen Gegebenheiten und Situationen überraschen. Die Ablehnung von Pflichten und Bindungen führte zu einer großen Nachgiebigkeit den eigenen Stimmungen und Launen gegenüber.

II *Leutnant Gustl*

1. Inhalt

Im Konzert

Der junge Leutnant Gustl hat eine Karte für ein Oratorium geschenkt bekommen. Sein bester Freund, dessen Schwester in dem Konzert mitsingt, hat sie ihm zukommen lassen.

Das Konzert langweilt Gustl und, um sich abzulenken, schaut er in das Programm, stellt Überlegungen zur möglichen Dauer des Konzerts an und sieht sich nach jungen Mädchen um. Kurzzeitig denkt er an das Duell, das am folgenden Tag stattfinden soll.

Der offensichtlich kritische Blick eines Zuhörers ruft in Gustl prompt eine aggressive Stimmung hervor, die ihn sofort an eine Auseinandersetzung im Foyer denken lässt. Zugleich aber verhält er sich so konform, dass er nicht auffällt. Er klatscht, wenn die andern klatschen, traut sich nicht, die Brieftasche herauszuholen, um einen Brief seiner Freundin Steffi zu lesen, da er großen Respekt vor seinem Nachbarn hat.

Gedanken an Steffi und ihren Liebhaber

Er ärgert sich darüber, dass er sich hat überreden lassen, im Konzert zu sitzen. Schuld daran sei seine Freundin Steffi, die ihm für diesen Abend abgesagt habe, da „sie mit ‚ihm' nachtmahlen gehen muss" (4/32). Dieser Unbekannte ist an einer Bank beschäftigt, sieht mit seinem schwarzen Bart offensichtlich eindrucksvoll aus, er soll sogar Reserveleutnant sein und Jude. Darüber, dass sie „noch immer so viel Juden zu Offizieren machen" (5/6 f.), erregt sich Gustl besonders.

Spielschulden

Bei dem Gedanken, was er nach dem Konzert machen werde, erinnert er sich, dass er am Vortag auf einen Schlag 160 Gulden verspielt und sich vorgenommen hat, einen Monat lang keine Karten mehr zu spielen. Dies stellt sich nun auch als der eigentliche Grund für den Besuch des Konzerts heraus.

Offensichtlich ist es nicht das erste Mal, dass Gustl sich in einer derartigen Situation befunden hat und sich mit Geldsorgen an seine Mutter wendet, die für ihn seinen Onkel um Geld angehen soll, da dieser „Geld wie Mist" (5/28) habe. Er erinnert sich in diesem Zusammenhang an den langweiligen Sommeraufenthalt bei seinem Onkel, der nur durch die sexuelle Affäre mit einer „Etelka", mit der er sich nicht einmal zu unterhalten brauchte, da sie kein Wort Deutsch verstand, erträglicher gemacht wurde.

Duellforderung aus „Vaterlandsliebe"

Während Leutnant Gustl das Ende des Konzerts herbeisehnt, denkt er erneut an das Duell mit einem Doktor der Rechtswissenschaft, das für den nächsten Nachmittag angesetzt ist. Abfällig bezeichnet Gustl den Gegner als „Sozialisten" und kann sich zunächst gar nicht mehr genau an den Anlass für die Duellforderung erinnern. Dann aber besinnt er sich, dass der Fremde ihn gefragt hat, ob er glaube, dass alle seine Kameraden zum Militär gegangen seien, um das Vaterland zu verteidigen. Empört bezieht Gustl die Bemerkung auf sich selbst als Offizier und erinnert sich an erhebende Augenblicke beim Militär etwa bei einer Parade oder einer Ansprache. Er steigert sich in eine aggressive Stimmung hinein und nimmt sich vor, den Gegner „kampfunfähig" (8/14) zu machen. Zum Schluss des Konzerts lässt Gustl noch einmal seinen Blick auf einige weibliche Zuschauer fallen, dann gehen seine Gedanken wieder zu seiner Freundin Steffi zurück.

Die Beleidigung des Bäckermeisters

Während Gustl sich nach dem Konzert eilig hinausdrängelt, fällt ihm auf, dass offensichtlich viele Jüdinnen das Konzert besucht haben. Verärgert über die Drängelei anderer, wird Gustl ungeduldig und gerät in eine Auseinandersetzung mit einem ihm bekannten Bäckermeister, in deren Verlauf Gustl den Bäckermeister mit den Worten „Sie, halten Sie das Maul!" (10/8) beleidigt. Während Gustl noch überlegt, was den Bäckermeister in das Konzert geführt haben mag, ergreift der Bäckermeister empört den Griff von Leutnant Gustls Säbel. Bevor Gustl sich besinnen kann, warnt ihn der Bäckermeister vor einem skandalösen Auftritt. Er droht, den Säbel aus der Scheide zu ziehen, ihn zu zerbrechen und die Stücke an das „Regimentskommando“ (10/27) zu schicken. Zusätzlich beleidigt er den Offizier herablassend mit den Worten „dummer Bub“ (ebd.). Während Gustl schon den Skandal zu spüren glaubt, gibt der Bäckermeister sich versöhnlich, deutet an, dass er Gustl die Karriere nicht verbauen wolle, und verabschiedet sich mit Ironie: „Habe die Ehre, Herr Leutnant, hat mich sehr gefreut“ (11/1).

Das „skandalöse“ Handeln des Bäckermeisters

Verstörung Gustls

Völlig verstört versucht Gustl sich die Bedeutung des Vorfalls vor Augen zu halten. Er schwankt zwischen Rachsucht und Scham, Aggression und Hilflosigkeit. Verzweifelt und ratlos sucht er Entschuldigungen, warum er nicht sofort mit seiner Waffe auf die Beleidigungen reagiert habe.

Auf der Straße

Selbst nach dem Verlassen des Gebäudes schaut Gustl sich unsicher um, ob auch niemand den beleidigenden Griff des Bäckermeisters zum Säbel gesehen oder dessen beschämende Worte gehört hat. Erschwerend empfindet Gustl die Beleidigungen, weil der Bäckermeister Gustl persönlich kennt, er den Bäcker allabendlich im Kaffeehaus trifft, wo dieser mit zwei Freunden Karten spielt. Gustl ist vor allem in Furcht und Schrecken versetzt, dass der Bäckermeister den Vorfall in seinem Kaffeehaus erzählen könnte. Kurz überlegt er, ob er den heiklen Vorfall seinem Vorgesetzten mitteilen könne, doch er glaubt, dass dieser nur eine Konsequenz kenne: den Dienst „quittieren mit Schimpf und Schand'“ (12/30). Schließlich setzt sich nur noch ein Gedanke fest, die Beleidigung, auch wenn niemand sie mitbekommen hat, zwinge ihn zum Selbstmord, da der Bäckermeister nicht satisfaktionsfähig ist. Er stellt sich vor, wie die Familie, die Kameraden und seine Freundin Steffi auf den Selbstmord reagieren würden und welche Überlegungen sie

Angst vor Entdeckung

Konsequenzen aus der Konfrontation

hinsichtlich des Grundes anstellen könnten. Man würde wahrscheinlich sagen: „Die Motive sind in Dunkel gehüllt“ (14/31 f.). Er sucht sich damit zu beruhigen, dass auch das Duell am nächsten Tag oder Unfälle seinem Leben hätten ein Ende bereiten können. Auf keinen Fall aber will er sich ehrlos vor dem Tod drücken. Er überlegt, welche Ehren ihm bei seiner Beerdigung durch das Militär zukommen, dabei fällt sein Blick auf eine offenkundig wenig attraktive Prostituierte, die ihn an ein eher abstoßendes sexuelles Erlebnis mit einer Prostituierten in einer galizischen Garnisonsstadt erinnert.
Immer wieder muss Gustl sich an seinen Entschluss erinnern, sein Leben zu beenden. Bei den Überlegungen hinsichtlich seines Selbstmords denkt er an ein Eifersuchtsdrama, in dessen Verlauf der Offiziersanwärter seine Geliebte getötet, sich jedoch selbst nur so schwer verletzt hat, dass er erblindete. Eifersucht als Tatmotiv liege ihm fern, behauptet er und so redet er sich ein, auch das intime Verhältnis, das seine Freundin Steffi hat, mit gelassener Distanz sehen zu können. Er hofft jedoch, dass sie insgeheim um ihn weinen wird.

Erinnerung an den missglückten Selbstmord eines Offiziers

Im Prater

Gegen Mitternacht findet sich Gustl überraschend im Prater wieder. Ein fröstelndes Unwohlsein führt er auf seine Aufregung zurück und darauf, dass er noch nichts gegessen hat.

Um Mitternacht im Prater

Bei seinen Überlegungen zum Datum des Tages fällt ihm auf, dass er nur zwei Tage vor seinem Geburtstag steht. Erschöpft und müde lässt Gustl sich auf einer Bank nieder. Er will sich zwingen, die ganze Angelegenheit noch einmal zu überdenken, doch seine Gedanken springen hin und her. Auch als er seine Offizierskappe abnimmt, um sich besser konzentrieren zu können, kann er seine Gedanken nur kurz auf den Zeitpunkt seines Selbstmords lenken, dann fällt ihm das Duell des kommenden Tages ein. Er vergleicht die verheiratete Frau Mannheimer, die er zuvor kennengelernt hat, mit vergangenen

Mangelnde Konzentration – sprunghafte Gedanken

Liebschaften und kommt zu dem Schluss, dass er bei dieser Frau durchaus Chancen gehabt hätte.

Selbstmitleid

Resigniert erinnert er sich dann an die ersten sexuellen Erfahrungen als „Bub" mit einer böhmischen Prostituierten. Voller Selbstmitleid denkt er an seine Schwester Klara, seine Eltern und überlegt, ob er vor seinem Selbstmord noch einen kurzen Besuch zu Hause abstatten sollte. Er stellt Überlegungen an, ob seine Berufswahl eigentlich vernünftig gewesen sei, und erwägt, wie sein Leben als Ökonom, wozu ihm schon frühzeitig geraten worden sei, abgelaufen wäre.

Aternativen zum Selbstmord

Seine Spielschulden fallen ihm ein und zugleich kommt ihm die Idee, nach Amerika auszureißen und später wieder in die Familie zurückzukehren.

Gustls Selbstvorwürfe wegen seines Verhaltens

Noch einmal versucht er sich die Ereignisse des Abends zu vergegenwärtigen. Er gibt sich selbst die Schuld an dem Vorfall mit dem Bäckermeister, weil er aus dem Gedränge heraus unbeherrscht gewesen sei und zu dem Bäckermeister gesagt hat: „Halten Sie's Maul!" (22/33) Zu seiner eigenen Entschuldigung führt er die Misserfolge der letzten Zeit auf: seine Spielschulden, die Absagen seiner Freundin Steffi, die Duellforderung und die „Rackerei in der Kasern'" (23/2).

Resignation

Allmählich werden Gustls Gedanken, der nach wie vor auf einer Parkbank sitzt, schläfriger. Er denkt an seine Rekrutenzeit in der galizischen Garnisonsstadt Przemysl. Auch wenn er sich noch an die Trostlosigkeit und Hitze der Stadt im Sommer erinnert, so verbindet er einige amüsante Erinnerungen mit diesem Ort.

Schwermütig erkennt er, dass er noch nicht viel vom Leben gehabt hat, und gesteht sich ein, dass er im Grund genommen auch nicht viel wert sei. Einen Wunsch hätte er sich jedoch gerne noch erfüllt: „einen Krieg" (24/20).

Der Rückweg

Das Erwachen im Park um drei Uhr nachts

Gegen drei Uhr erwacht Gustl auf der Parkbank aus einem tiefen Schlaf und erinnert sich rasch wieder an sein Duell um vier Uhr am kommenden Nachmittag, aber dann fällt ihm schlagartig die gestrige Beleidigung und sein Entschluss zum Selbstmord ein. Er überlegt, was seine Kameraden machen werden, wenn er tot ist. Er ist sicher, dass sein Tod sie nicht davon abhalten wird, im „Weingartl" (25/30) zu sitzen und zu essen. Die Natur erscheint ihm plötzlich frühlingshafter, er glaubt schon Blühendes zu riechen.

In diesem Augenblick fragt er sich, ob Steffi Blumen ans Grab bringen würde. Er bezweifelt es, dagegen hätte seiner Ansicht nach seine Geliebte, Adele, mit der er vor zwei Jahren Schluss gemacht hat, viel tiefer um ihn getrauert, denn bei ihrer Trennung habe sie herzzerreißend geweint. Im Rückblick glaubt er, dass sie die Einzige gewesen sei, die ihn geliebt hat. Abwägend erkennt er jedoch die Vorzüge einer losen Verbindung, sie „ist bequemer" (26/12). Nach einer kurzen Phase des Selbstmitleids, in der er sich eingesteht, dass es ihn manchmal vor sich selbst grause, ruft er sich wieder zur Ordnung: „am Gang und am G'sicht" (26/31) lasse sich der Offizier nichts anmerken.

Erinnerungen an Adele

Auf seinem Rückweg in die Stadt kommt Gustl zu der Erkenntnis, dass an seinem Tod eigentlich der Bäckermeister schuld sei, da „[s]o ein Kerl […] sich auf offener Straße prügeln lassen" (27/17 f.) könne, ohne dass etwas geschehe, er als Offizier hingegen müsse aus der unter vier Augen ausgesprochenen Beleidigung die tödlichen Konsequenzen ziehen. Voller Empörung über diese Ungerechtigkeit will Gustl nun seinerseits den Vorfall schriftlich „ganz wie eine dienstliche Meldung" (27/27) an das Regimentskommando schreiben.

Schuldzuweisungen

Beim Zusammentreffen mit Soldaten, die zum Schießstand marschieren, überdenkt er, wer sein Nachfolger als Zugführer werden könnte. Als er junge Mädchen sieht, die in ihre Geschäfte eilen, kehren seine Gedanken zu Steffi zurück, die er seit etwa vier Monaten kennt. Obgleich er zunächst die Mädchen bedauert hat, hält er sich nun die Vorzüge der geregelten Arbeit vor Augen: „Wenn sie in einem Geschäft sind, werd'n sie doch keine solchen Menscher" (29/13 f.).

Kirchenbesuch

Der Orgelklang einer Frühmesse weckt in ihm das Bedürfnis, in die Kirche hineinzugehen, er fühlt sich einsam, sogar an eine Beichte denkt er. In der Kirche überkommen ihn jedoch panische Gefühle, vor allem als die Musik, die er am Vorabend gehört hat, in der Kirche erklingt. Beim Verlassen der Kirche stört ihn sogar das Geräusch seines Säbels.

Noch einmal stellt er sich vor, den Dienst zu quittieren, doch der Gedanke, dass sein Duellgegner „sich den Buckel voll" (31/12) lachen könnte, und er seinem einzigen Freund Kopetzky aus Scham die Hand nicht mehr geben könnte, lässt ihn sofort diese Lösung verwerfen. Zumal in diesem Augenblick ein Wachtmeister den Offizier Gustl grüßt und ihm somit noch einmal seine gesellschaftliche Position zeigt. Er bedauert, dass er sein Leben nicht dem Vaterland habe opfern können und auf dem „Feld der Ehre" (31/30) habe sterben dürfen.

Erneutes Selbstmitleid

Plötzlich entsteht in ihm ein tieferes Bedürfnis, an seine Eltern, seine Schwester und seinen Freund sowie an Steffi zu schreiben. Während er überlegt, was er schreiben könnte, überkommt ihn Selbstmitleid und ihm wird „zum Weinen" (33/12) zumute. Der Anblick eines jungen Mädchen, das ihm schon zwei Tage zuvor aufgefallen war, bringt ihn wieder in die Gegenwart zurück.

Der Tagesanbruch führt ihn zunächst in sein Stammcafé. Bevor er das Kaffeehaus betritt, bestärkt sich Gustl noch einmal selbst und lobt sich für seine gute Haltung in diesem existenziellen Konflikt. Aus seinen Todesgedanken heraus hält er es nicht für nötig, dass der Kellner seinetwegen in den Frack schlüpft, dann jedoch fällt ihm ein, dass nach seinem Tod das Leben ja weitergeht und der Kellner „heut' noch andere Leut' bedienen" (34/2 f.) muss. So fest ist er in seinen Selbstmordgedanken verfangen, dass er geistesabwesend in der Zeitung nachsehen will, ob sein Selbstmord angezeigt wird.

Noch einmal überkommt Gustl Panik, als der Kellner den Bäckermeister erwähnt, und er glaubt, dass dieser den skandalösen Zwischenfall des Vorabends erzählt haben könnte. Dann aber teilt der Kellner Gustl mit,

dass der Bäckermeister, dessen Brötchen vor ihm liegen, um Mitternacht einen Schlaganfall erlitten hat. Ohne sich seine tiefe Freude anmerken zu lassen, erkundigt sich Gustl wie nebenbei, ob der Bäckermeister daran gestorben sei. Er erfährt, dass dieser um Mitternacht gestorben ist. Damit fühlt sich Gustl von jeglicher Schmach befreit, nun gilt auch nicht mehr das eigene Gewissen, das ihn zuvor geplagt hat.
Er entwirft einen Plan für den neuen Lebenstag: Er will sich kalt abreiben lassen, Gewehrgriffe üben, exerzieren, sich mit Steffi treffen, vor allem aber blickt er voll Zuversicht dem Duell entgegen. Abgelegt ist jegliche Sentimentalität, Gustl will seinen Gegner brutal zusammenschlagen, zu „Krenfleisch" (36/26) hauen.

2. Thematik

2.1 Duell und Ehrbegriff

Der zentrale Mechanismus der Novelle ergibt sich aus einem – für den heutigen Leser schwer nachvollziehbaren – Unterscheidungsmerkmal von Personen, nämlich aus ihrer Satisfaktionsfähigkeit bzw. Unfähigkeit zur Satisfaktion. Hinzu kommt für Satisfaktionsfähige der Duellzwang, um die verletzte Ehre wiederherzustellen. Adelige, Offiziere, Akademiker (hierzu zählten auch die Studenten) waren in der Lage, eine Beleidigung durch ein Duell aus der Welt zu schaffen. Handwerker, Gewerbetreibende galten demgegenüber als nicht „satisfaktionsfähig", waren also herausgenommen aus dem Balancegefüge der Wiederherstellung der Ehre.

Ehre und Satisfaktionsfähigkeit

Wiederherstellung der Ehre durch ein Duell

Diese Wiederherstellung der Ehre galt unabhängig vom Ausgang des Duells. Wurde ein Duell verweigert oder entzog sich der Beleidigte einer Duellforderung, galt er als gesellschaftlich geächtet, zugleich verlor derjenige auch seine Satisfaktionsfähigkeit. Die Ehre, um die es ging, war nicht nur persönliche Ehre, sondern immer zugleich auch die Standesehre, die es zu verteidigen galt.

Einjährige Freiwillige als Reserveoffiziere

Mitglieder der bürgerlichen Oberschicht eröffnete sich im Deutschen Reich und in Österreich-Ungarn im 19. Jahrhundert die Möglichkeit nach einer einjährigen freiwilligen Dienstzeit als Reserveoffiziere entlassen zu werden. Damit erhielten sie – wie auch Schnitzler – die gleiche Stellung wie ein Berufsoffizier, sie waren also im Zivilleben satisfaktionsfähig. Durch die Satisfaktionsfähigkeit war immer auch die Abgrenzung nach unten gegeben.

Offiziere und Duellzwang

Offiziere waren zu Duellen verpflichtet, wenn es galt, die Ehre wiederherzustellen.

> „Das Offizierskorps nahm eine herausgehobene Stellung in der Gesellschaft ein, stand außerhalb der geltenden Gesetze und über der zivilen Welt. Eine Kaste für sich, in der Selbstjustiz, wenn auch in eingeschränkter Weise, geübt wurde: eingeschränkt insofern, als bei Todesfällen der Überlebende ein Militärgerichtsverfahren gegen sich einzuleiten hatte, bei dem er meist sehr glimpflich davonkam." (Franke, 1994, S. 155)

Strafen nach verbotenen Duellen

Zwar waren Duelle fast überall verboten, doch wurde beispielsweise im deutschen Strafgesetzbuch ein Sonderstraftatbestand für den „Zweikampf mit tödlichen Waffen" eingeräumt, der mit einer verringerten Festungshaft, die als nicht entehrend galt, bestraft wurde.

Im Falle des Duells zwischen Armand von Ardenne und dem Geliebten seiner Frau, Emil Hartwich, das als historisches Vorbild zum Duell Crampas und Innstetten in Fontanes Roman *Effi Briest* zu sehen ist, wurde von Ardenne, der Hartwich im Duell getötet hatte, zu zwei Jahren Festungshaft verurteilt, aber schon nach 18 Tagen entlassen und ehrenvoll wieder eingestellt.

Verhinderte Ehrennotwehr

Ein Offizier, der – wie in der Novelle *Leutnant Gustl* – von einem Handwerker beleidigt wurde, konnte keine Duellforderung stellen, da sein Gegner nicht satisfaktionsfähig war. Er hatte jedoch die Verpflichtung – die sich Leutnant Gustl auch immer wieder als verpasste Chance vor Augen hält – zur unmittelbaren Ehrennotwehr. Die Ehrverletzung hätte aber auf der Stelle durch Gustl geahndet werden müssen, indem er sich mit gezogenem

Säbel zur Wehr gesetzt hätte. Dabei vergisst Leutnant Gustl, dass er als Offizier zuerst eine Beleidigung ausgesprochen hat, damit also der Schuldige an dem Konflikt gewesen ist. Er erkennt allerdings die Gefahr einer Ehrennotwehr, die gegen einen waffenlosen Gegner geführt worden wäre: „ganz wehrlos sind wir gegen die Zivilisten ... Da meinen die Leut', wir sind besser dran, weil wir einen Säbel haben ... und wenn schon einmal einer von der Waffe Gebrauch macht, geht's über uns her, als wenn wir alle die geborenen Mörder wären ..." (14/26 ff.).

„Wehrlosigkeit" des Offiziers gegenüber Zivilisten

Für Gustl kommt nun noch erschwerend hinzu, dass die Ehrennotwehr ja gerade durch die Körperkraft des Bäckermeisters und seine eigene körperliche Unterlegenheit verhindert und Gustls Ehrenrettung durch die zupackende Kraft eines Handwerkers abgewehrt wurde.
Durch die mehrfache Beleidigung des Bäckermeisters, der Gustl beschimpft hat, der das Zeichen seines Standes, seinen Säbel, festgehalten hat, ihn also tätlich angegriffen hat und ihm sogar angedroht hat, seinen Säbel zu zerbrechen, fühlt sich Gustl so entehrt, dass er keinen anderen Ausweg sieht, als sich selbst zu erschießen.

Gustls Duellforderung – Minderwertigkeitsgefühl und die „Ehre"

Das Duell Gustls, das für den Nachmittag angesetzt ist, zeigt deutlich, aus welchen Quellen sich der Ehrbegriff speist und mit welchen Konsequenzen das Offizierskorps, selbst wenn es aus kleinbürgerlichen Kreisen stammt, sich gegen bürgerliche Zivilisten abzusetzen sucht.
Bei einer Gesellschaft in dem Haus der wohlhabenden Familie Mannheimer – nach Gustls Kenntnis sind diese getaufte Juden, denen „man's aber gar nicht" ansieht – gesellt sich ein promovierter Jurist zu Gustl und seinen Gesprächspartnern. Gustl glaubt den Rechtsanwalt sofort als Sozialisten identifizieren zu können, denn die „Rechtsverdreher sind doch heutzutag' alle Sozialisten" (6/34 f.). Das Gespräch handelt vom Militär, es wird über Kadettenschulen gesprochen und schließlich erzählt Gustl von einem „patriotischen Fest" (7/23).

Grund für das Duell mit dem Rechtsanwalt

In diesem Augenblick schaltet sich der Fremde ein und spricht Gustl an: „Herr Leutnant, Sie werden mir doch zugeben, dass nicht alle Ihre Kameraden zum Militär gegangen sind, ausschließlich um das Vaterland zu verteidigen!“ (7/25 ff.) Scheint dies zunächst eine sehr allgemeine Aussage zu sein, so trifft sie Gustl zutiefst. Er glaubt sich sofort ganz persönlich angesprochen: „Er hätt' nur noch sagen müssen, dass sie mich aus dem Gymnasium hinausg'schmissen haben und dass ich deswegen in die Kadettenschul' gesteckt worden bin …“ (7/8). Gustl fühlt sich bis in sein Innerstes durchschaut und sein Minderwertigkeitsgefühl ist geweckt. Er ergreift sofort die Chance, sich Genugtuung zu verschaffen und fordert den Gegner – angeblich aus patriotischer Gesinnung heraus – zum Duell. Tatsächlich aber zeigen Gustls Gedanken, dass es ihm nicht um das Vaterland geht, sondern dass er sich in seinem Stolz angetastet fühlt.

Patriotismus als Deckmantel

Gustl möchte vordergründig mit dem Duell die Ehrverletzung, die nicht einmal ihm gegolten hat, bereinigen. Doch seine aggressive Haltung beweist, dass die Angst, als erfolglose Existenz durchschaut zu werden, tief in seinem Innersten verankert ist und sein Handeln bestimmt. Zudem will er, indem er seinen Gegner „bis zur Kampfunfähigkeit“ besiegen will, seinen Vorgesetzten imponieren und Punkte sammeln.

Gustls verlogener Ehrbegriff

Schnitzler hat mit zwei Sätzen den grundlegenden Konflikt der Novelle verdeutlicht, der sich zwischen einem nur vorgeschobenen und einem aus dem Standesgefühl herrührenden Ehrbegriff ergibt. Mit Blick auf einen realen Vorfall, der der Novelle zugrunde liegen soll, schreibt Schnitzler: „Einer bekommt irgendwie eine Ohrfeige; niemand erfährts. Der sie ihm gegeben, stirbt und er ist beruhigt, kommt darauf, daß er nicht an verletzter Ehre – sondern an der Angst litt, es könnte bekannt werden.“ (Zit. nach Polt-Heinzl, 2002, S. 36)

Realer Hintergrund der Novelle

Wie verlogen Gustls Einstellung zum Ehrbegriff tatsächlich ist, zeigt sich gerade daran, dass er glaubt, nach dem

Tod des Bäckermeisters seine Ehre zurückerlangt zu haben, denn, so sagt sich Gustl voller Freude, „Tot ist er – tot ist er. Keiner weiß was, und nichts ist g'sch'n!" (36/2 f.). Weil also keiner von der Ehrverletzung weiß, gibt es sie für Gustl nicht mehr, da nun der Bäckermeister tot ist.

Noch in der Nacht hat Gustl bewiesen, dass er die Regeln des von ihm so hoch geschätzten Offizierskodexes kennt und weiß, dass selbst der Tod des Bäckermeisters seine Ehre nicht wiederherstellen würde. Im Sinne des Offizierskorps blieben Gustl – auch nach dem Tod des Bäckermeisters – nur drei Alternativen: ein unehrenhaftes Verhalten, das heißt Verschweigen des Vorfalls, das Quittieren des Dienstes oder die blutige Konsequenz, also Selbstmord. Da Gustl jedoch die einzig ehrenhafte Konsequenz aus der Konfrontation nicht gezogen hat, ist er – im Sinne des Offizierskorps – nicht mehr satisfaktionsfähig und dürfte zu dem Duell nicht mehr antreten. Dass er nicht mehr satisfaktionsfähig ist, weiß Gustl genau, wenn er sagt: „ich soll mich ja morgen um vier Uhr schlagen … und ich darf's ja nimmer, ich bin satisfaktionsunfähig" (13/19 f.).

Verstoß gegen den Ehrenkodex des Offiziers

Selbstmord als einzige ehrenhafte Konsequenz

Dennoch besteht Gustl am Ende darauf, durch das Duell mit dem Rechtsanwalt seine Ehre nach außen hin wiederherzustellen, ja, seine Aggressivität ist gegenüber dem Anfang der Novelle sogar noch gestiegen.

Ohne Zögern hat er sich für das Weiterleben entschieden, und völlig vergessen sind die Gewissenskonflikte. Damit wird die Leere des Begriffs Ehre und die Gewissenlosigkeit Gustls deutlich. Schnitzler entlarvt hier die Verlogenheit, mit der der Begriff Ehre verwendet wird und in dessen Namen Menschen getötet oder schwer verletzt werden.

Diese Absicht zeigt sich auch bei der Verwendung des Begriffs „Ehre" in der Novelle. Bei der zentralen Bedeutung des Begriffs überrascht es, wie selten dieses Wort verwendet wird. Mehrfach kommt es in der Floskel „Habe die Ehre!" vor und zeigt damit, wie verflacht und bedeutungslos das Wort – auch in Gustls Sprachgebrauch – ist.

Floskelhafter Gruß: „Habe die Ehre!"

Noch deutlicher wird das Floskelhafte, wenn der Bäckermeister mit ironischer Betonung den entehrten Leutnant mit den Worten „Habe die Ehre“ zurücklässt.
Mit dem überraschenden Schluss

Entheroisierung Gustls durch den Schluss

> „hat Schnitzler aufs peinlichste vermieden, aus seinem Leutnant eine pathetische Figur werden zu lassen, indem er es ihm etwa erlaubt hätte, sich selbst zu töten (was, wie die Erzählung nun einmal geführt ist, für den Autor ein leichtes gewesen wäre). Statt dessen verurteilt er ihn […] zum Leben; zu einer Existenz der Mittelmäßigkeit, der kleinen Abenteuer und ihres Misslingens und der großen Aggressivität.“ (Politzer, 1962, zit. nach: Polt-Heinzl, 2002, S. 86)

2.2 Antisemitismus

Waidhofener Beschlüsse – Satisfaktionsunfähigkeit jüdischer Studenten

1896 wurden von der deutsch-österreichischen Studentenschaft die sogenannten „Waidhofener Beschlüsse“ gefasst, nach denen jüdische Studenten als satisfaktionsunfähig erklärt wurden. Schnitzler zitiert den Wortlaut des Dekrets in seiner Autobiographie *Jugend in Wien*:

> „Jeder Sohn einer jüdischen Mutter, jeder Mensch, in dessen Adern jüdisches Blut rollt, ist von Geburt aus ehrlos. […] Der Verkehr mit einem Juden ist daher entehrend; man muß jede Gemeinschaft mit einem Juden daher vermeiden. Einen Juden kann man nicht beleidigen, ein Jude kann daher keine Genugtuung für erlittene Beleidigung verlangen.“ (Schnitzler, 1981, S. 152)

Allerdings wurden diese Beschlüsse kaum umgesetzt. 1897 wird Dr. Lueger von der christlich-sozialen Partei, nachdem er mehrfach durch den Kaiser abgelehnt worden war, zum Bürgermeister von Wien ernannt. Nach seiner Wahl nehmen antisemitische Strömungen, vor allem im mittleren Bürgertum und im Kleinbürgertum, deutlich zu. Jüdische Ärzte, Rechtsanwälte, Händler leiden vermehrt unter einer sich verstärkenden antisemitischen Einstellung.

Als Gustl den Konzertsaal verlässt, fallen ihm mehrere jüdische Konzert-Besucher auf, und er äußert sein Missfallen: „Es ist doch fabelhaft, da sind auch die Hälfte Juden ... nicht einmal ein Oratorium kann man mehr in Ruhe genießen" (9/8 ff.). Damit lässt Schnitzler seinen Leutnant Gustl sich selbst entlarven. Dieser hatte sich gerade noch für den Schlusschor des Oratoriums begeistert, ohne zu ahnen, dass das Oratorium, das er soeben gehört hat, von dem jüdischen Komponisten Felix Mendelssohn Bartholdy stammt. Zwar wird der Titel des Oratoriums im Text nicht genannt, aber die zitierte Verszeile „Ihr, seine Engel, lobet den Herrn" stammt aus dem Oratorium „Paulus". Die Friedensbotschaft dieses Oratoriums, die sich gegen Fanatismus und Vorurteile richtet, prallt an Gustl ab, und er wird Augenblicke später mit dem Bäckermeister zusammenstoßen. So verschlüsselt diese Szene ist, sie belegt, wie Schnitzler seinen antisemitisch eingestellten Untertan der k. u. k. Monarchie entlarvt: durch den satirischen Widerspruch zwischen Wirklichkeit und seinem vorurteilbehafteten Denken.

Ironische Entlarvung Gustls als antisemitisch denkender Offizier

Seine Abneigung gegenüber Juden zeigt Gustl deutlich, wenn er sich über die Zahl der jüdischen Offiziere beklagt und in unfreiwilliger Komik sagt: „da pfeif' ich auf'n ganzen Antisemitismus!" (5/6 f.) In seiner Abneigung gegenüber Juden stimmt er mit dem konservativen militärischen Apparat überein, dessen Vorurteile – etwa gegen die Reserveoffiziere mit jüdischer Abstammung – Gustl ohne Vorbehalte übernimmt.

Wie verbreitet der Antisemitismus um 1900 tatsächlich in Kreisen des Militärs gewesen ist, belegt der Artikel „Officiersehre und Judenpresse" in der Tageszeitung *Deutsche Zeitung* vom 22. Juni 1901: Danach verkörpere Leutnant Gustl auf keinen Fall einen k. u. k. Offizier, sondern vielmehr „einen Juden, der schon seiner ‚Gedankenmonologe' wegen nie zum Officier taugte". Ja, er sei eher ein Ebenbild des „Literaturjuden Schnitzler": „Was der Jude Schnitzler dem ‚Lieutnant Gustl' insinuiert, so denkt, so spricht, so handelt kein Officier. Das ist jüdischer

Angriff auf den „Literaturjuden Schnitzler"

Geist, der so mit sich selbst um die Selbsttödtung schachert, nicht Officiersgeist." (Zit. nach: Renner, Hrsg., 2007, S. 84)

2.3 Das Militärische in der Novelle

Zehn Tage, nachdem Schnitzler die Novelle *Leutnant Gustl* am 17. Juli 1900 beendet hatte, verabschiedete Kaiser Wilhelm II. deutsche Truppen in Bremerhaven, die zusammen mit einer internationalen Streitmacht die europafeindliche Yihetuan-Bewegung, den sogenannten „Boxer-Aufstand", in China niederschlagen sollten. Die Rede, die Kaiser Wilhelm II. hielt, sorgte als sogenannte „Hunnen-Rede" weltweit für negative Schlagzeilen.

Die aggressive „Hunnen-Rede" Wilhelms II.

Die Rede zeigt den Verlust eines bürgerlichen Wertesystems zugunsten eines aggressiven militärischen Selbstverständnisses, das sogar christliche Werte pervertiert.

> „Eine große Aufgabe harrt eurer; ihr sollt das schwere Unrecht, das geschehen ist, sühnen. Die Chinesen haben das Völkerrecht umgeworfen. […] Bewahrt die alte preußische Tüchtigkeit, zeigt euch als Christen in freudigen Ertragen von Leiden, möge Ehre und Ruhm euren Fahnen und Waffen folgen, gebt an Manneszucht und Disziplin aller Welt ein Beispiel.
> Ihr wißt wohl, ihr sollt fechten gegen einen verschlagenen, tapferen, gut bewaffneten, grausamen Feind. Kommt ihr an, so wisst: Pardon wird nicht gegeben, Gefangene werden nicht gemacht. Führt eure Waffen so, daß auf tausend Jahre hinaus kein Chinese mehr wagt, einen Deutschen scheel anzusehen. Wahrt Manneszucht. Der Segen Gottes sei mit euch […]. Öffnet der Kultur den Weg ein für allemal!" (Zit. nach: Johann, Hrsg., 1977, S. 90 f.)

Gustls Frage, „aber wer ihnen dann helfen möcht', wenn die Chinesen über sie kommen" (7/1 f.), spielt auf diesen „Boxer-Aufstand" an, der 1899 ausgebrochen war und an dessen Niederschlagung auch Österreich-Ungarn mit einigen Kriegsschiffen beteiligt war. Mit diesem Konflikt verbreitete sich das Schlagwort der „Gelben Gefahr", und Gustl zeigt mit seiner Frage, welche Wirkung offenkundig die Propaganda auf sein einfaches Gemüt gemacht hat. Ohne die tatsächliche Situation eines Angriffs der Europäer in China zu beachten, kehrt Gustl die Verhältnisse um in einen Angriff Chinas auf Österreich. Auf diese Weise gelingt es ihm auch, für das Militär eine Legitimation zu formulieren. Da Gustl schon mit 14 Jahren Kadettenschüler geworden ist, muss es für ihn auch eine nachvollziehbare Begründung für seinen Beruf geben, auch wenn die Berufswahl eher erzwungen worden ist („dass sie mich aus dem Gymnasium hinausg'schmissen haben und dass ich dewegen in die Kadettenschul' gesteckt worden bin", 8/1 f.).

Legitimation des Militärs

Die Kadettenschüler legten nach vier Jahren Ausbildung eine Kadettenprüfung ab und wurden nach bestandener Prüfung als Kadett-Offiziersstellvertreter eingestellt. Bis zur Beförderung dauerte es meist mehrere Jahre. Die studierten Offiziere, die drei Jahre eine Militär-Akademie absolviert hatten, wurden sofort als Leutnant eingestellt und hatten deutlich bessere Chancen als die ehemaligen Kadettenschüler.

Kadettenschüler

Ähnlich wie der adlige Offizier Botho von Rienäcker in Fontanes Roman *Irrungen, Wirrungen* erkennt Gustl, dass er außerhalb des Militärs völlig bedeutungslos wäre, da er im Grund nichts – außer den Waffengebrauch – gelernt hat. In *Irrungen, Wirrungen* fragt sich Botho von Rienäcker, was er eigentlich wirklich könne, wenn er den Militärdienst verlassen würde, um eine nicht adlige Frau zu heiraten: „Ich kann ein Pferd stallmeistern, einen Kapaun [gemästeter Hahn] tranchieren und ein Jeu [Spiel] machen. Das ist alles, und so hab ich denn die Wahl zwischen Kunstreiter, Oberkellner und Croupier." (Fontane, S. 82 f.)

Fontanes Offizier in *Irrungen, Wirrungen*

Aus dieser Perspektive ist Gustls Lebensinhalt ein deutlicher Hinweis auf die Sinnleere. Er bewegt sich zwischen Kaffeehaus, Kartenspiel, Duell, Exerzieren und Frauenaffären. Und so ordnet Gustl sich nach seiner „Rettung" sofort wieder in das militärische Ritual ein: „um halb acht sind die Gewehrgriff', und um halb zehn ist Exerzieren." (36/22 f.)

Gustls Erinnerungen zeigen, dass er aus kleinen Verhältnissen stammt und dass ihm die Kadettenschule, wie vielen anderen Söhnen aus dem Kleinbürgertum, eine Aufstiegschance in die Offizierslaufbahn ermöglicht hat. Umso gravierender ist die abwertende Äußerung des promovierten Juristen, den Gustl daraufhin zum Duell herausfordert. Dieser weiß sehr wohl, wen er vor sich hat: einen Aufsteiger, dem das Militär ein neues Selbstbewusstsein eröffnet hat.

Bürgerkinder als Offiziere

> „Die Bürgerkinder im Offizierscorps hatten den Zeugen vergangenen Glanzes kein geprägtes Selbstbewußtsein entgegenzusetzen – noch nicht. Ihre Unsicherheit überspielten sie mit trompetender Arroganz. Entschlossen verschanzten sie sich hinter einem Verhaltenskodex, in dem die Formalismen und Manierismen aristokratischen Daseins bis zum blanken Unsinn degeneriert waren, verkrochen sich hinter der Fassade eines Begriffs von ‚Ehre', der längst ausgehöhlt war. […] Hinter all dem brütete die Sehnsucht nach Befreiung, dem Krieg, der Katastrophe." (Harpprecht, 1996, S. 373f.)

Schon die Tatsache, dass Gustls Vater ihm nicht dazu verholfen hat, zur Kavallerie zu kommen, weil dies zu teuer gewesen wäre, setzt den jungen Leutnant gegenüber anderen zurück, vor allem gegenüber Adligen. Auch in Zukunft wird seine Karriere begrenzt sein.
Wie allgegenwärtig das Militärische für Gustl ist, zeigen die Orte, an denen Gustl in der Nacht vorbeikommt (vgl. S. 29), und seine vielfältigen Begegnungen mit Offizieren und Soldaten im morgendlichen Wien. Auch seine Gedanken wandern immer wieder zurück zu Orten, an denen Gustl in seiner Laufbahn gewesen ist, und zu den Kameraden, mit denen er zusammen war.
Die Brutalität, mit der ein Leutnant wie Gustl sich gegenüber Andersdenkenden durchsetzen konnte, belegt eine Episode aus Schnitzlers autobiographischem Rückblick auf seine Militärzeit:

> „An deinem dieser Tage also war des alten Baron Erlanger Sohn, ein Ulanenleutnant, zu Besuch im Thalhof, ein ge-

taufter Jude, schneidig, ja etwas frech, mit einer riesigen Säbelnarbe auf der Stirn. Diesen Fachmann fragte Rudi in meiner Gegenwart um Rat, ob er sich ‚aktivieren' lasen sollte. Der Baron schüttelte bedenklich den Kopf. Die Sache sei nicht so einfach. Im Offizierstand, besonders bei Kavallerieregimentern, wäre es schwer (– als Jude, auch als getaufter, denn ungetauft hätte man ja überhaupt keine Aussicht –), Konflikten mit Kameraden auszuweichen. Er selbst habe ja leider öfter als einmal Gelegenheit gehabt ... Er brauchte wirklich nicht mehr zu sagen. Die Narbe auf seiner Stirn glänzte blutrot und beweiskräftig genug." (Schnitzler, 1981, S. 246)

Repressionen gegen getaufte jüdische Offiziere

3. Erzähltechnik

3.1 Merkmale und Aufbau der Novelle

Schnitzler hat mehrfach für seine Erzählung *Leutnant Gustl* die Gattungsbezeichnung Novelle gewählt, und tatsächlich lassen sich eine Vielzahl von Merkmalen, die auf eine Novelle zutreffen, ermitteln:

Merkmale der Novelle

1. Realistische Darstellung: Schnitzler hat mit dem inneren Monolog eine sehr realistische Darstellungsweise der Gedanken, Erinnerungen und Reflexionen des Leutnants entwickelt. Sprachlich und inhaltlich wirkt die Darstellung wie das Protokoll von Gustls Gedanken.
2. Geschlossene Handlung und fehlende Nebenhandlung: Gustls aggressive Haltung, die sich in den Gedanken an das Duell mit dem Rechtsanwalt entzündet, bestimmt Anfang und Ende der Novelle. Aus seiner psychischen Situation heraus entwickelt sich der Zusammenstoß mit dem Bäckermeister, die die zentrale innere Handlung, die Gedanken über den Selbstmord, in Gang setzt.
3. Ähnlichkeit mit einer Dramenstruktur (vgl. S. 28) und straffe konzentrierte Handlungsführung: Der Aufbau der Novelle entspricht in wesentlichen Aspekten denen eines Dramas, man kann – trotz des unvermittel-

Handlungsführung wie in einem Drama

ten Anfangs – eine Exposition erkennen, in der dem Leser die Hauptperson mit ihren grundlegenden Problemen vorgestellt wird.

Höhepunkt mit Lösung des Konfliktes

4. Konfliktlösung als Höhepunkt: Der Tod des Bäckers enthebt Gustl weiterer Handlungsschritte, und tatsächlich tritt dieser Tod als Wendepunkt inmitten der Handlung ein. Doch erfahren Leser und Gustl hiervon erst am Schluss.

Konzentration der Handlung auf ein krisenhaftes Ereignis

5. Konzentration der Handlung auf ein krisenhaftes Ereignis: Die Konfrontation Gustls mit dem Bäckermeister ist – v. a. mit Blick auf die Einstellung des Leutnants – schicksalhaft. Sie stellt für Gustl die größtmögliche Herausforderung dar, da er aufgrund seiner körperlichen Schwäche, seiner arroganten Haltung und seines verbohrten Ehrbegriffs keine Lösung aus der Krise sieht. Allerdings führt das krisenhafte Ereignis nicht – wie sonst häufig in Novellen – zu einer Wendung des Lebenswegs der Hauptfigur.

Konzentration auf wenige Personen

6. Konzentration auf wenige Figuren: Der Leser begegnet unmittelbar nur dem Leutnant, der uns allerdings aus seiner Perspektive mit mehreren weiteren Personen aus seinem Umkreis bekannt macht.

Dingsymbol

7. Dingsymbol: Der Säbel kann als zentrales Dingsymbol gesehen werden, das die Bedeutung der Novelle beleuchtet und vertieft. Der Säbel steht sowohl für Gustls Ehre als auch für seinen Ehrverlust.

Differenzierte und kunstvolle Gestaltung der Erzählung

Bei genauer Untersuchung der Gestaltung der Novelle wird erkennbar, wie geschickt und kunstvoll Schnitzler die scheinbar ungeordneten Gedanken, die Erinnerungen und Pläne des Leutnants angeordnet hat. Aus den zunächst verwirrenden und fragmentarischen Informationen wird vor dem Leser das Bild seines vermeintlich unauflöslichen Konflikts entfaltet.

Psychogramm Gustls – der gelangweilte, wenig gebildete und aggressive Leutnant

Es entsteht dabei das Psychogramm Gustls – eines gelangweilten, wenig gebildeten und aggressiven Leutnants. Gleichzeitig erhält der Leser aber auch Einblick in die familiären, die persönlichen, vor allem aber die fatalen militärischen Beweggründe, die zu Gustls Krise geführt haben.

Nach einer Einleitung, die den Leser – ähnlich einer Exposition – mit der Hauptperson bekannt macht und zunächst einen ruhigen Gedankenfluss erkennen lässt, folgt eine Phase höchster Erregung nach dem Konflikt mit dem Bäcker. Gustls Kontrollverlust zeigt sich sprachlich in einer Vielzahl von Fragen, Ausrufen und kurzen elliptischen Sätzen.

Der Leser folgt nun dem verzweifelten Gang des Leutnants in die finstere Nacht hinaus bis zum Prater, wo er sich erschöpft und hilflos auf eine Bank setzt und einschläft. Wir verfolgen die Achterbahn seiner Gefühle. Dem tiefen Schock über die Ehrverletzung folgt Panik, in der Gustl immer wieder die verhängnisvolle Szene durchspielt. Schließlich wird ihm die schicksalhafte Konsequenz klar, dass er Selbstmord begehen muss. Die Trauer, die sich einstellt, wird immer wieder durch andere Gedanken verdrängt. Seine abschweifenden Gedanken gehen schließlich in Angst und Müdigkeit über.

Achterbahn der Gefühle

Mit einem Absatz, der Gustls dreistündigen Schlaf auf der Parkbank kennzeichnet, trennt Schnitzler den Hinweg Gustls und die Rast im Park vom Rückweg. Es überrascht, dass Schnitzler, der ein ähnlich starkes Interesse wie Freud an Träumen hatte, Gustl völlig erinnerungslos an einen Traum aufwachen lässt. Durch den frühlingshaft wirkenden Morgen kehrt Gustl in die Stadt zurück. So wie die Novelle eine Kreisstruktur aufweist, in der der Gedanke an das Duell am Anfang und am Ende steht, so bewegt sich auch Gustl in einem Kreis durch die Stadt. Er scheint vorangetrieben zu werden durch Angst und Panik, dennoch bewegt er sich, wie von seinem Unterbewusstsein gelenkt, zielsicher auf sein vertrautes Kaffeehaus zu.

Der tiefe Schlaf und die Rückkehr in die erwachende Stadt

Der Wendepunkt der Erzählung hat sich unbemerkt von Gustl und vom Leser schon vollzogen: Um Mitternacht ist der Bäckermeister gestorben, und der Weg zum Kaffeehaus ist der Weg zur erlösenden Mitteilung. Gustls Rückkehr in die Stadt ist also eigentlich – ohne dass Gustl das auch nur ahnt – eine Rückkehr in sein gewohntes Leben, nicht zuletzt, weil er sein Ehrgefühl über Bord wirft. Damit sind die Gedanken in diesem Teil der Erzählung eine ironische Entlarvung des verlogenen Lebens- und Ehrgefühls Gustls.

Exposition	Psychogramm des gelangweilten, ungebildeten und aggressiven Offiziers
Steigende Handlung	1. Eskalation des Konflikts 2. Beginn der inneren Handlung 3. Nächtliche Wanderung 4. Mitternacht – Höhepunkt der Krise
Wendepunkt	Verdeckter Wendepunkt – Tod des Bäckermeisters um Mitternacht
Fallende Handlung	1. Der tiefe, traumlose Schlaf 2. Rückkehr in die Stadt 3. Todesangst 4. Besuch der Kirche und Weg zum Kaffeehaus
Schluss und Ausblick	Überraschende Lösung des Konflikts und Blick in die Zukunft (Duell)

Der Konzertsaal – die fremde Atmosphäre und Umgebung

Im Konzertsaal trifft der Leutnant auf ein sehr heterogenes Publikum, ihm fallen zunächst vor allem die Sängerinnen und jungen Konzertbesucherinnen auf. Allerdings fühlt Gustl sich sichtlich fehl am Platz. Beim Hinausgehen bemerkt er elegante jüdische Besucherinnen, die sofort seine Antipathien hervorrufen. Gerade hier, wo Gustl sich nicht heimisch fühlt, wird er von einem bürgerlichen Bäckermeister entehrt.
Nach der Auseinandersetzung mit dem Bäckermeister findet sich Gustl, ohne zu wissen, wie er „herausgekommen“ (17/15) ist, auf der Straße. Hastig flüchtet er in die Nacht und überdenkt seine Situation. Er erkennt das Dilemma, dass der Bäckermeister ihn in der Hand hat und den Vorfall am nächsten Tag in seinem Kaffeehaus ausplaudern könnte. Die Vorstellung, den Bäckermeister, der gleichfalls in seinem Kaffeehaus verkehrt, dort wiederzutreffen, festigt in Gustl den hilflosen Gedanken, dass er sich erschießen muss.

Die nächtliche Wanderung ähnelt wie der Handlungsverlauf einer Art Kreis, der den Weg von der Konzerthalle in der Stadt zum nächtlichen Prater und zurück in die Stadt beschreibt. Diese Wanderung in die Finsternis entspricht Gustls Erkundung seines – durch die Gedanken an den Selbstmord – verdunkelten Inneren.

Gustls nächtliche Wanderung von der Stadt in den Prater und zurück als Sinnbild seiner um den Tod kreisenden Gedanken

Seine Reise durch die Nacht führt schließlich in den Prater, in das Vergnügungs- und Freizeitgelände von Wien. Um Mitternacht erlebt Gustl den Höhepunkt seiner Krise; was Gustl und der Leser nicht wissen, ist, dass zu eben dieser Stunde der Bäckermeister einen tödlichen Schlaganfall erlitten hat.

Der eigentliche Wendepunkt: der Tod des Bäckermeisters um Mitternacht

Während Gustl auf dem Hinweg nur düstere Gedanken plagten, bemerkt er nun auf dem Rückweg in den Morgenstunden die Veränderung in der Natur. „Ganz warm ist es – viel wärmer als gestern – und so ein Duft" (25/30 f.). Zugleich aber überkommen Gustl immer stärkere Angstgefühle, die den Lebenswillen seines Unterbewusstseins demonstrieren. Beeindruckt sieht Gustl die Tegetthoffsäule, die an den Admiral Tegetthoff, Sieger in der Seeschlacht von Lissa, erinnert und damit für das Idealbild eines Offiziers steht. Der Klang einer Orgel und die Gedanken an seine Mutter veranlassen Gustl eine Kirche zu betreten. Wahrscheinlich handelt es sich hier um den Stephansdom, das Wahrzeichen von Wien. Hier wird ihm sehr schmerzhaft bewusst, dass er keinen Menschen hat, „mit dem [er] […] ein Wort reden könnt' vorher!" (30/11) Er erkennt, dass ihm der Glaube fehlt und dass er auch hier keinen Trost oder einen Ausweg aus seiner Situation finden kann. Panik ergreift ihn, als er durch die Orgelmelodie an den vorangegangenen Abend und damit an seinen Selbstmordgedanken erinnert wird, seine Hände beginnen zu zittern. Beim Hinausgehen bemerkt er, dass das scheppernde Geräusch des Säbels die Andacht stört.

Wahrnehmung der Natur – Frühling und aufkommende Ängste

Erinnerung an ein militärisches Ideal – der Sieger von Lissa

Besuch der Kirche: Gustls Einsamkeit und seine Erinnerung an das schicksalhafte Konzert

Weiter führt Gustls Weg zu dem zentralen Ort militärischer und politischer Macht, zum Sitz des Kaisers. Im Burghof sieht sich Gustl konfrontiert mit bosnischen Soldaten und konstatiert die Nutzlosigkeit seines gegenwärtigen Offiziersdaseins:

Die Burg – Zentrale der Macht

„Rückblick" auf den Sieg über Bosnien und Herzegowina

„Die Bosniaken – schau'n gut aus – der Oberstleutnant hat neulich g'sagt: Wie wir im 78er Jahr unten waren, hätt' keiner geglaubt, dass uns die einmal so parieren werden! … Herrgott, bei so was hätt' ich dabei sein mögen […] Das ist halt zuwider, dass unsereiner nicht dazu kommt. – Wär' doch schöner gewesen, auf dem Feld der Ehre, fürs Vaterland" (31/24 f.).

Der Weg zum Kaffeehaus – sentimentale Gedanken und der Plan, Briefe zu schreiben

Das wiederkehrende Hungergefühl lässt plötzlich den Gedanken an eine „Henkersmahlzeit" in Gustl aufkommen, und sehr entschieden steuert er nun auf sein Kaffeehaus zu. Als wolle er noch Zeit herausschlagen, entscheidet sich Gustl, nach dem Frühstück nach Hause zu gehen und Briefe zu schreiben, bevor er sich erschießt.

Nun erst am Ende seiner Wanderung durch den Frühlingsmorgen erfährt Gustl im Kaffeehaus vom Tod des Bäckermeisters um Mitternacht. Beinah erschreckt stellt Gustl selbst fest, dass er sich fast „ganz umsonst erschossen" (36/4) hätte, wäre er nicht in das Kaffeehaus gegangen und hätte dort vom Tod seines Feindes gehört.

3.2 Leitmotivtechnik

Leitmotive: das Duell, die verlorene Ehre, der geplante Selbstmord, die Kameraden, die Familie, Gustls Begegnungen mit Frauen, Steffi

Die Novelle zeigt ein enges Geflecht von Ereignissen und Personen, die leitmotivisch angelegt sind. Diese Leitmotive strukturieren den Text und unterstreichen die Bedeutung einzelner Aspekte. Zugleich runden sich die Informationen über Gustl allmählich zu einem Gesamtbild ab. So wird der innere Monolog durchsetzt mit Gedanken an das Duell, an die verlorene Ehre, an den geplanten Selbstmord, die Kameraden, die Familie, an seine Begegnungen mit Frauen.

Schon im Konzertsaal klingt das Motiv des Duells an. Gustl plant für den übernächsten Tag in die Oper zu gehen und erinnert sich dabei daran, dass am kommenden Tag das Duell mit dem Doktor stattfinden wird und er möglicherweise dabei getötet werden könnte. Doch sogleich verwirft er diesen Gedanken, und mit brutaler Angriffslust droht er seinem Gegner: „Das Nasenspitzel hau' ich Ihnen herunter …" (4/3). Und wie in einer Art

Kreisstruktur seiner Gedanken steht am Ende der Erzählung eine noch brutalere Androhung: „Dich hau' ich zu Krenfleisch!" (36/26)

Wie ein Leitfaden durchziehen die Gedanken Gustls an seine „Mama" den Text. So überlegt er, ob er in die Kirche gehen soll, und glaubt letztlich, „der Mama wär's ein Trost, wenn sie das wüsst'!" (30/6 f.) Rührselige Gefühle überkommen Gustl, wenn er an seine Mutter denkt. Ein fast kindlicher Wunsch nach familiärer Geborgenheit spricht dann aus seinen Gedanken.

Erinnerungen an die Mutter – die sentimentalen Gefühle Gustls

Die Gedanken an den Selbstmord bilden das durchgängigste Motiv. Dabei fällt auf, dass Gustl diese Gedanken fortwährend verdrängt und sich an den Ernst der Situation erinnern muss: „und im nächsten Jahr werd' ich … Was werd' ich im nächsten Jahr? Was heißt das überhaupt: nächstes Jahr? Was heißt das: in der nächsten Woche? Was heißt das: übermorgen? … Wie? Zähneklappern? Oho!" (19/15 ff.)

Verdrängung der Selbstmordgedanken

Wie geschickt stellenweise diese Leitmotive angelegt sind, lässt sich am Beispiel der Verknüpfung des Oratoriums mit der Kirche belegen. Zunächst verwechselt Gustl das Oratorium mit einer Messe und stellt fest, dass „solche Sachen" nur in die Kirche gehörten. Er fährt dann fort: „Die Kirche hat auch das Gute, dass man jeden Augenblick fortgehen kann." (3/9 f.) Als er am nächsten Morgen tatsächlich in eine Kirche geht, überfällt ihn seine Einsamkeit und Angst so, dass er sich zitternd wünscht, einen Menschen zu haben, zu dem er „ein Wort reden könnt' vorher!" (30/11) Dann erinnert ihn die Orgelmusik an den vergangenen Abend, und er flieht förmlich aus der Kirche: „Fort, fort! Das halt' ich gar nicht aus!" (30/26) Dabei wird ihm immer klarer, dass er keinen Ausweg findet: „Ah, es kommt immer näher" (30/29). Das für ihn glückliche Ende schließlich verknüpft Gustl mit diesem Kirchenbesuch. „Am End' ist das alles, weil ich in der Kirchen g'wesen bin …" (35/25 f.) Der wie neugeborene Gustl bemerkt nicht, wie zynisch diese Überlegung ist. Seine Todesangst ist vergessen und dem neuen Lebensgefühl gewichen.

Verknüpfung des Oratoriums mit der Kirche

3.3 Der innere Monolog und die Dialoge

Ich-Erzählung
Die Ich-Erzählsituation ist mit einem Erzähler verbunden, der auf der einen Seite ein erzählendes Ich ist, auf der anderen Seite als erlebendes Ich auftritt und authentisch und unmittelbar sein Innenleben reflektieren kann. Andere Personen werden von außen beschrieben. Der Ich-Erzähler ist in seiner Erzählhaltung immer deutlich spürbar, er kann seine Erlebnisse kommentieren und werten.

Wörtliche Rede
Sie wird durch Wendungen eingeleitet wie: er sagte, sie fragte sich. Die wörtliche Rede vermittelt realistische Unmittelbarkeit (häufiges Stilmittel z. B. bei Theodor Fontane). In der Novelle *Leutnant Gustl* wird die wörtliche Rede nicht durch eine sogenannte *inquit*-Formel (sagte, behauptete, meinte) eingeleitet, sondern nur durch die üblichen Anführungszeichen verdeutlicht (vgl. etwa 10/1). Auf diese Weise dringt von Zeit zu Zeit die Außenwelt in Gustls Gedankenfluss.

Innerer Monolog
Die Darstellung in der 1. Pers. Präsens versetzt den Leser in die Situation, als höre er zufällig mit, was der ‚Sprecher' spontan denkt, fühlt, assoziiert. Der Autor verzichtet dabei auf eine Charakterisierung von außen. Der Leser erlebt vielmehr von innen her die Person mit. Der innere Monolog hat starke Ähnlichkeiten mit dem Monolog auf der Bühne.

Die bahnbrechende Erzähltechnik: der innere Monolog

Schnitzler setzt in der Novelle *Leutnant Gustl* erstmals im deutschsprachigen Raum die Technik des inneren Monologs als fast durchgängiges Stilmittel ein. Zwar hatte schon 1888 der französische Autor Dujardin in dem Roman *Geschnittener Lorbeer* den inneren Monolog verwendet, doch Schnitzler erklärt deutlich, dass der innere Monolog in *Leutnant Gustl* nicht mit dem des französischen Romans vergleichbar sei.

Die bahnbrechende Technik, die ein wichtiges Merkmal modernen Erzählens werden sollte, eröffnet zunächst die Möglichkeit – wie der Monolog im Drama –, einen Einblick in die unausgesprochenen Gedanken einer Person zu erhalten. Der Leser nimmt jedoch nicht nur teil an den Gedanken, Erinnerungen, Visionen einer Person, sondern Schnitzler ermöglicht mit dem inneren Monolog auch eine tiefenpsychologische Betrachtungsweise seiner Hauptperson.

Tiefenpsychologische Betrachtungsmöglichkeiten der Personen

Der innere Monolog erschließt dem Leser das „Mittelbewußtsein“ (vgl. S. 101) des Leutnants und knüpft an Freuds Ideen von den tieferen Schichten des Bewusstseins an. Damit ist eine herausragende Form gefunden, um eine Person in all ihren Widersprüchen, den unbewussten Wünschen und Trieben zu charakterisieren. Das Bewusstsein ist eben gerade nicht immer Herr der Gedanken, sondern Gedanken werden – wie in *Leutnant Gustl* gezeigt – vorangetrieben durch Versagensangst, Unsicherheit im mitmenschlichen Umgang und Minderwertigkeitsgefühle gegenüber höher gestellten Personen.

Auch die Erinnerungen Gustls sind nicht folgerichtig und linear, sondern sind immer wieder getrübt, verwischen sich, und ein unstrukturiertes Bild seiner Welt entsteht vor den Augen des Lesers. Gleichzeitig aber erkennt der Leser, wie sich in Gustls innerem Monolog das „Mittelbewußtsein“ gegenüber dem recht oberflächlichen Bewusstsein durchzusetzen versucht.

Unstrukturierte Gedanken und Erinnerungen

Gleichzeitig wird in dieser Erzähltechnik ein diagnostisches Hilfsmittel Freuds erkennbar, die „freie Assoziation“. So entdeckte eine Patientin im Gespräch mit Freud die „Rede-Selbstheilung“, die Freud zwischen 1892 und 1898 zur sogenannten „talking cure“ weiterentwickelt. In ungehemmten Assoziationsketten können aus dem Unterbewusstsein verschlossene, verdrängte oder vergessene Erlebnisse wieder heraufbeschworen werden.

Schnitzlers Gemeinsamkeit mit Freuds Ideen der tieferen Schichten des Bewusstseins

Mit der neuen Erzähltechnik kommt Schnitzler auch den Vorstellungen Bahrs, die dieser in seinem Aufsatz

Bahrs Vorstellungen einer neuen Literatur auf der Basis einer „neuen Psychologie“

„Die neue Psychologie“ von 1890 formuliert hatte, nahe. Bahr forderte, dass Ereignisse im Seelenleben der Personen nicht berichtet oder erzählt werden sollten, sondern unmittelbar gezeigt werden müssten. Dabei aber könne eine traditionelle Ich-Erzählung nicht weiterhelfen, denn damit rücke die Position des Erzählers wieder in den Vordergrund.

Der Leser wird ohne jegliche Einleitung in den Denkprozess von Gustl hineinversetzt, es gibt keinen Erzähler, der kommentiert oder die Aufmerksamkeit lenkt. Die Aufgabe des Lesers ist es, aus den Fetzen des Gedachten die soziale Wirklichkeit des Leutnants zu entwickeln und seine Innenwelt zu enthüllen, sich also sowohl mit der Innenwelt als auch mit der Außenwelt Gustls zu beschäftigen. Im Unterschied zur traditionellen, realistischen Erzählliteratur ist der Leser aufgefordert, die Gedankenfetzen zu einem komplexen Bild des Leutnants und seiner sozialen Situation zusammenzusetzen.

Verschränkung von Innenwelt und Außenwelt

Das heißt: Nicht Gustl erzählt uns etwas, sondern ohne zeitliche Distanz erfahren wir seine Gedanken, nehmen seine Erinnerungen zur Kenntnis und bilden uns aus der Art der Verknüpfung der Gedankenfetzen ein Charakterbild.

Erzählen ohne zeitliche Distanz

Verschränkung von Soziogramm und Psychogramm

> „Die präzise Verschränkung eines Psychogramms mit einem Soziogramm ist nur der gewählten Gestaltungsform zu verdanken, die auf engstem Raum den Leser mit einer Fülle von Daten versorgt, die über Gustls Herkunft, seine Lebensgewohnheiten und seinen Umgang Auskunft geben. Verzichtet wird dafür auf das Erzählen im engeren Sinne: Die Erzählinstanz, von der aus die Fülle des Stoffes disponiert werden könnte, ist eliminiert.“ (Schmidt-Dengler, 1996, S. 24)

Bedeutung der Dialoge

Trotz der herausragenden Bedeutung des inneren Monologs gewinnen die beiden Dialogpassagen eine Schlüsselfunktion. Sie bilden den verhängnisvollen Anfang und das überraschende und – aus Gustls Sicht – glückliche Ende. Dabei sind die Dialoge durchsetzt mit Elementen des inneren Monologs, so dass der Leser Zeuge wird zwischen äußerem Geschehen und innerer Verarbeitung.

> „Na, Sie werden's auch nicht versäumen!"
> Was sagt er da? Sagt er das zu mir? Das ist doch stark! Das darf ich mir nicht gefallen lassen! „Ruhig!"
> „Was meinen Sie?"
> Ah, so ein Ton? Da hört sich doch alles auf!
> „Stoßen Sie nicht!"
> „Sie, halten Sie das Maul!" Das hätt' ich nicht sagen sollen, ich war zu grob ... Na, jetzt ist's schon g'scheh'n! (10/2 ff.)

Gustl ist zunächst fassungslos durch die ironische Bemerkung des korpulenten Mannes, der vor ihm steht, und er fragt sich, ob diese wirklich an ihn gerichtet gewesen sei. Er ringt sich dann zu einer Antwort durch, die offenbar, wie die Reaktion seines Gegenüber zeigt, im Tonfall unhöflich ist. Auch der Angesprochene wird nun ungehaltener und fragt, was Gustl mit seiner Antwort „Ruhe" gemeint habe. Die offensichtlich mit einiger Schärfe gestellte Frage „Was meinen Sie?" macht Gustl so aggressiv, dass er sich, wie er sofort feststellt, im Ton vergreift und den – bis dahin noch unbekannten Konzertbesucher – beleidigt. Noch wäre nun Zeit für eine Entschuldigung, doch Gustl überlegt, nachdem er den Bäckermeister erkannt hat, was dieser im Konzert mache. Die Zeit, die Gustl für seine Überlegungen benötigt, nutzt nun der Bäckermeister, um die Beleidigung durch den Leutnant zu ahnden.

Die Technik der Entlarvung durch die Verknüpfung des inneren Monologs mit einem Dialog

Auch am Schluss setzt Schnitzler kontrastiv den inneren Monolog gegen Gustls verlogenes Gespräch mit dem Kellner:

> „Ist er tot?"
> „Na, freilich, Herr Leutnant; auf'm Fleck ist er tot geblieben."
> O, herrlich, herrlich! – Am End' ist das alles, weil ich in der Kirchen g'wesen bin ...
> [...]
> „Ist aber traurig. Er war doch noch in den besten Jahren." – Das hab' ich jetzt famos gesagt – kein Mensch könnt' mir was anmerken ... und ich muss mich wirklich zurückhalten, dass ich nicht schrei' und aufs Billard spring' ... (35/23 ff.)

Damit rundet sich der Ausgangsdialog ab, der Gegner ist tot, und Gustl ist – entgegen seiner eigenen Aussage – jeglicher weiteren Überlegung enthoben. Vergessen ist seine Aussage, dass nicht einmal der Tod des Bäckermeisters ihn von der Verpflichtung der Ehrenrettung durch Selbstmord retten könne, da er selbst ja von der Schmach wisse. Schnitzler gelingt es damit, ohne einen erkennbaren Erzähler, die Aufmerksamkeit des Lesers zu lenken.

Selbstgespräche

In seinem inneren Monolog gerät Gustl nicht selten in eine Art inneres Selbstgespräch. Häufig verwendet er dabei sogar die Selbstansprache mit seinem Namen:

> „Gustl, Gustl, mir scheint, du glaubst noch immer nicht recht d'ran? Komm' nur zur Besinnung … es gibt nichts anderes … wenn du auch dein Gehirn zermarterst, es gibt nichts anderes!" (16/26 ff.)
> „[L]angsamer, Gustl, versäumst nichts, hast gar nichts mehr zu tun – gar nichts, aber absolut nichts mehr!" (19/2 ff.)

Gerade diese inneren Selbstgespräche verraten am deutlichsten Gustls geistigen Zustand und öffnen den Blick für seine erschreckende innere Leere, aber auch für seine Hilflosigkeit.

Gustls innere Dialoge als Ausdruck der inneren Spannung

Im Laufe des inneren Dialogs gewinnt der Leser immer stärker den Eindruck, dass Gustl zwar unentwegt seinen Selbstmord reflektiert, jedoch offensichtlich vor allem verzweifelt einen Grund vor sich selbst sucht, davon Abstand zu gewinnen. Gerade in dieser Hinsicht ist das innere „Selbstgespräch" aufschlussreich:

> „Halb vier auf der Nordbahnuhr … jetzt ist nur die Frage, ob ich mich um sieben nach Bahnzeit oder nach Wiener Zeit erschieß? … Sieben … ja, warum grad' sieben? ... Als wenn's gar nicht anders sein könnt' … Hunger hab ich" (27/7 ff.).
> „Ja, Gustl, merkst d'was? – Der ist es, der dich umbringt! Aber so glatt soll's ihm doch nicht ausgeh'n! – Nein, nein, nein! […] ich schreib's dem Obersten, ich mach' eine Meldung ans Regimentskommando … ganz wie eine dienstliche Meldung" (27/23 ff.).

3.4 Assoziationsketten

Assoziationsketten und Asyndeton

Die scheinbar willkürlich ablaufenden Gedanken Gustls sind von Schnitzler in genau entwickelten Assoziationsketten geformt. Dabei bildet das asyndetische Sprechen die Grundlage für die atemlose Aufeinanderfolge von Gedanken, die keiner kontrollierenden Vernunft unterliegen.

> „Ah, die Vierundvierziger! zur Schießstätte marschieren s' – lassen wir sie vorübergeh'n … so stellen wir uns daher … – Da oben wird ein Fenster aufgemacht – hübsche Person – na, ich möcht' mir wenigstens ein Tüchel umnehmen, wenn ich zum Fenster geh' … Vorigen Sonntag war's zum letzten Mal … Dass grad' die Steffi die Letzte sein wird, hab' ich mir nicht träumen lassen. – Ach Gott, das ist doch das einzige reelle Vergnügen. … Na ja, der Herr Oberst wird in zwei Stunden nobel nachreiten … die Herren haben's gut – ja, ja, rechts g'schaut! – Ist schon gut … Wenn ihr wüsstet, wie ich auf euch pfeif'!" (28/8 ff.)

So beobachtet Gustl also in den frühen Morgenstunden Soldaten, die zum Schießstand marschieren. In diesem Moment wird er auf eine weibliche Person aufmerksam, die offenbar leicht bekleidet ist und ein Fenster öffnet. Dies erinnert ihn an Steffi, und er bringt sie in den Zusammenhang mit seinem Tod. Doch bei dem Gedanken an das Vergnügen, das er noch vor wenigen Tagen mit seiner Geliebten gehabt hat, fallen ihm voller Neid die Annehmlichkeiten des Offiziersdaseins ein. Er denkt daran, dass der Major ausschlafen kann und erst zwei Stunden später den Soldaten nachreiten wird. Der Leser erinnert sich dabei daran, dass Gustl finanziell nicht in der Lage ist, ein Pferd zu besitzen. Doch schon im nächsten Augenblick nimmt Gustl den militärischen Gruß der einfachen Soldaten zur Kenntnis, auch er ist also gegenüber den einfachen Soldaten in einer besseren Position. Doch in seiner jetzigen Situation kann er diesen Gruß nicht genießen, sondern nimmt ihn verächtlich und überheblich entgegen.

3.5 Darstellung des äußeren Geschehens

Wiedergabe von äußeren Geschehnissen ohne Erzähler

Da der innere Monolog auf einen Erzähler verzichtet, der ein äußeres Geschehen mitteilen könnte, greift Schnitzler zur indirekten Darstellung aus Gustls Perspektive. Aus den Andeutungen Gustls kann der Leser Handlungen und Situationen, die er heraufbeschwört, rekonstruieren. Gleichzeitig erlebt er das Geschehen aus Gustls Gefühlen heraus. Dessen emotionale Sicht erlaubt dem Leser, weitere Einsichten in den Charakter Gustls zu gewinnen.

Da Gustl zum ersten Mal ein Konzert besucht, schließt er sich den Reaktionen des Publikums an, um nicht aufzufallen: „Ja, applaudieren wir mit. Der neben mir klatscht wie verrückt." (3/24) Gelangweilt blickt Gustl um sich und sein Blick fällt auf eine junge Konzertbesucherin: „Das Mädel drüben in der Loge ist sehr hübsch. Sieht sie mich an oder den Herrn dort mit dem blonden Vollbart?" (3/25 ff.)

Beim Verlassen des Konzerts schließt sich Gustl, da er sich in der Umgebung unsicher fühlt, der Menge an. Dabei wird er durch das Gedrängel zunehmend aggressiv und will offensichtlich einen Drängler zurechtweisen. In diesem Augenblick erkennt er das Alter des Mannes und lässt von seinem Vorhaben ab. „So, jetzt schließen wir uns an … Warum drängt denn der Idiot hinter mir? Das werd' ich ihm abgewöhnen … Ah, ein älterer Herr!" (9/10 ff.)

Verknüpfung von äußerem Geschehen und Gustls Stimmungen

Ein junges Mädchen, das Gustl ins Auge fällt und dem er folgt, ist dann auch ungewollt schuld an dem verhängnisvollen Zwischenfall mit dem Bäckermeister. Weil Gustl sich darüber ärgert, dass das Mädel von einem anderen abgeholt wird und ihn noch auslacht, wird er im Gedränge der Garderobe noch aggressiver als zuvor. Das äußere Geschehen, das wir aus seinen Gedanken rekonstruieren, wird damit zum Ausgangspunkt seiner Stimmung:

> „Wo ist denn das hübsche Mädel? Ah, dort … am Geländer steht sie … So, jetzt heißt's noch zur Garderobe …

> Dass mir die Kleine nicht auskommt … Hat ihm schon! So ein elender Fratz! Lasst sich da von einem Herrn abholen, und jetzt lacht sie noch auf mich herüber! – Es ist doch keine was wert … Herrgott, ist das ein Gedränge bei der Garderobe!“ (9/24 ff.)

Der nächtlichen Weg Gustls lässt sich deshalb genau verfolgen, weil er sich in seinen Gedanken mit den Orten beschäftigt. Gleichzeitig wird der Leser geschickt über die genauen Zeiten informiert.

Wiedergabe von Ort und Zeit

> „Die Aspernbrücke … Wie weit renn' ich denn noch?“ (16/8)
> „Ich will mich auf die Bank setzten … Ah! – wie weit bin ich denn da?“ (19/21 f.)
> „Immer lichter … man könnt' schon lesen … Was pfeift denn da? … Ah, drüben ist der Nordbahnhof … Die Tegetthoffsäule […] Halb vier auf der Nordbahnuhr …“ (27/1 ff.)
> „Ringstraße – jetzt bin ich bald in meinem Kaffeehaus“ (32/24).

4. Die Titelfigur Leutnant Gustl

4.1 Ein Psychogramm

Der Leser erhält das Psychogramm eines Menschen, der zwischen seiner offiziell vorgegebenen Berufsehre und seinen sehr privaten menschlichen Gefühlen, seinem Lebenswillen, hin und her gerissen wird. Schnitzler führt in dem inneren Monolog des Leutnants auf die Spur eines gestörten Charakters, der sich uns in seiner vollen Naivität öffnet. Gustl, der sich immer wieder mit seinem verniedlichten, dialektgefärbten Rufnamen selbst anredet, wird für den Leser zu einem interessanten „Fall“ psychologischer Betrachtung.

Was er denkt, in welcher Reihenfolge die Gedanken sich miteinander verzahnen, welche Sprünge die Gedanken machen, erlaubt uns als „Therapeuten“ eine differenzierte Analyse. Wir müssen uns Gustl wie bei einer therapeutischen Behandlung auf der Couch von Freud vor-

Gustl als „Studienobjekt“ des Lesers

stellen. Was er sagt, ist wahr, aber in einem tieferen Sinne, er verrät sich, aber er versucht auch, sich zu verstecken. So lässt sich der Text in seiner tieferen Struktur erfassen.

Idealvorstellung des heldenhaften Mannes – Lohengrin

Wenn Gustl sich z.B. vor Augen hält, dass er Richard Wagners Oper *Lohengrin* zwölfmal gehört hat, so können wir daraus schließen, dass er die strahlende Figur des Ritters Lohengrin gerne auf sich übertragen würde. In der kläglichen Wirklichkeit scheitert er dann allerdings an dem waffenlosen, aber körperlich überlegenen Bäckermeister.

Gustls gesellschaftliche Situation

Gustl ist ein typischer Aufsteiger aus kleinen Verhältnissen, dessen Familie möglicherweise – nach dessen Versagen im Gymnasium – gehofft hat, dass er einem engen kleinbürgerlichen Milieu durch eine militärische Laufbahn entkommen kann. Schon mit etwa 14 Jahren muss Gustl das Gymnasium verlassen, offensichtlich ist er den intellektuellen Anforderungen nicht gewachsen und besucht außerhalb von Graz eine Kadettenschule. Diese Schulen standen Schülern ab 14 Jahre offen und boten die Möglichkeit einer mittleren Militärkarriere, damit also einen Aufstieg in eine angesehenere Klasse, wenngleich natürlich das adlige Offizierskorps diese Aufsteiger mit Distanz zur Kenntnis nahm. Mit 18 Jahren wird Gustl Offiziersanwärter.

Das Scheitern auf dem Gymnasium

Kadettenschule

Mit seinen etwa 24 Jahren hat er es beim Militär noch nicht sehr weit gebracht, zwar war er schon mit 20 Jahren Leutnant, doch nun befindet er sich nach mehreren Jahren immer noch auf der untersten Stufe der militärischen Rangleiter. Sein Kamerad Wiesner ist in der Zwischenzeit schon zum Rittmeister (etwa gleichzusetzen mit Hauptmann) befördert worden. Bedauernd resümiert Gustl, dass eine Karriere bei der Kavallerie nicht möglich gewesen wäre, denn er hätte sein Pferd aus eigener Tasche zahlen müssen, doch dazu fehlt ihm das Geld. Missmutig stellt er fest, dass selbst die sogenannten Einjährigen (Einjährige waren Wehrpflichtige, die aufgrund ihrer höheren Schulbildung nur ein Jahr zu dienen brauchten, wenn sie sich freiwillig meldeten;

Schnitzler selbst war ebenfalls Einjähriger.) ihm in den Beförderungen und im Ansehen gleichgestellt sind: „Manchmal sind's ganz nette Burschen, die Einjährigen ... aber sie sollten alle nur Stellvertreter werden – [...] Wir müssen uns jahrelang plagen, und so ein Kerl dient ein Jahr und hat genau dieselbe Distinktion wie wir ... es ist eine Ungerechtigkeit!“ (16/16 ff.) Außerdem ärgert sich Gustl, dass über diesen Laufbahnvorteil auch Juden das Offizierspatent erhielten.

> Die Prestigeeinbuße der Berufsoffiziere mußte um so größer sein, je häufiger es [...] Juden gelang, auf diesem Weg ein Offizierspatent zu erwerben. Wie in anderen Bereichen der Gesellschaft schien die Statusangst als auslösendes Moment des Antisemitismus auch beim Militär durch die bloße Möglichkeit gleichrangiger sozialer Berührung gerechtfertigt.“ (Laermann, 1977, S. 125)

Da Gustls gesellschaftliches Leben sich vor allem in den Kaffeehäusern und Restaurants abspielt, wäre ihm eine dauerhafte Unterstützung durch seinen Onkel willkommen, denn sein Verdienst kann seine Ausgaben kaum decken. Der geringe Sold, der nur noch ein wenig dadurch aufgebessert wird, dass Gustl kein privates Zimmer angemietet hat, sondern in der Kaserne wohnt, erlaubt wenig Spielraum. Und so überschatten die Spielschulden von 160 Gulden seine Gedanken, denn sie übersteigen sein monatliches Einkommen um etwa das Doppelte.

Die finanzielle Lage Gustls

Gustls Begeisterung für das Militär speist sich also keineswegs aus dem Einkommen, und überall brechen seine Geldsorgen durch: So lange er keine Frau gefunden hat, die „aus guter Familie mit Kaution“ (42/19) stammt, kann er nicht heiraten. Diese „Kaution“, die die Braut als Mitgift mitbringen sollte, hätte Gustl als Offizier bei einer Heirat als Sicherheit hinterlegen müssen, damit er einen standesgemäßen Haushalt führen kann.

Die fehlende Mitgift

Gustl lebt in einem lächerlichen Missverhältnis zwischen seinem Stolz auf den Status als Offizier und seiner eingeschränkten Selbstständigkeit. Die gesellschaftliche Lee-

Das Missverhältnis von Offiziersstatus und tatsächlicher persönlicher Existenz

re und die Inhaltslosigkeit seines militärischen Daseins lässt sich in seinen Erinnerungen an für ihn herausragende Ereignisse ablesen. „Die Leut' können eben unserein'n nicht verstehn, sie sind zu dumm dazu ... Wenn ich mich so erinner', wie ich das erste Mal den Rock angehabt hab', so was erlebt eben nicht ein jeder ..." (8/3 ff.)

Uniform, Waffen und Rituale als Lebenssinn

Der Sinn dieses Daseins besteht also in der Zugehörigkeit zu einer Gemeinschaft, in der Uniform, Waffen und Rituale wesentlich sind: „Und dann, wie Seine Hoheit die Front abgeritten sind, und die Ansprache vom Obersten – da muss einer schon ein ordentlicher Lump sein, wenn ihm das Herz nicht höher schlägt." (8/8 ff.)
Doch tief in seinem Innern weiß er um seine Bedeutungslosigkeit, und er flüchtet sich in das militärische Rollenkorsett: „Viel wert bist Du ja nie gewesen, so benimm Dich wenigstens anständig zu guter Letzt, das verlang' ich von Dir!" (29/5 f.)

4.2 Gustl – ein Offizier ohne innere Mitte

Leutnant Gustl kann als Vertreter einer Generation um die Jahrhundertwende gesehen werden, deren Außeneinflüssen unterworfene Persönlichkeit sie manipulierbar für autoritäre Systeme macht. Emotionale Dürftigkeit und intellektuelle Bedeutungslosigkeit kann ein Leutnant durch militärisches Auftreten, vor allem durch seinen Waffenbesitz ersetzen. Gustl fühlt sich Vertretern des Bürgertums unterlegen und sucht seine Minderwertigkeitsgefühle durch reaktionäre Gedanken, Antisemitismus, Patriotismus und militaristisches Gedankengut zu kompensieren.

Der „kernlose" Mensch

Schnitzler selbst charakterisiert Menschen wie Leutnant Gustl als „kernlos": „Die Seele mancher Menschen scheint aus einzelnen gewissermaßen flottierenden Elementen zu bestehen, die sich niemals um ein Zentrum gruppieren, also auch keine Einheit zu bilden imstande sind. So lebt der kernlose Mensch in einer ungeheuren und ihm doch niemals völlig zu Bewusstsein kommenden Einsamkeit dahin. Die große Mehrzahl der Menschen ist in diesem Sinne kernlos, doch erst an merkwürdigen Menschen fällt uns eine solche Kernlosigkeit auf." (Zit. nach: Weiss, Hrsg., 1993, S. 53)

Gustls innere Situation ist gekennzeichnet von Unsicherheit, die er vielfach durch phrasenhafte Sätze zu überwinden sucht. Da er keine tieferen persönlichen Beziehungen pflegt, fehlt ihm die Orientierung in seinem privaten Leben. Die Unsicherheit wird deutlich erkennbar in Gustls Misstrauen und seiner Egozentrik. Sein Gefühl für emotionale Nuancen und für mitmenschlichen Umgang ist verkümmert.

Orientierungslosigkeit im privaten Leben

Er ist in allen Gedanken auf seine Außenwirkung bedacht. So interessiert ihn vor allem, wie die Mitmenschen formal auf seinen Tod reagieren werden, ob sie Blumen bringen, zum Friedhof kommen, seinen Brief lesen, wie viele Soldaten zum Begräbnis abgestellt werden; die tieferen Gefühle etwa seiner Familie gegenüber schiebt er von sich, um nicht emotional ergriffen zu werden.

Emotionale Verkümmerung aufgrund der militärischen Erziehung

Die emotionale Verunsicherung und die fehlende Fähigkeit zur Einfühlung in andere sind offensichtlich das Ergebnis einer langen Erziehung in der Kadettenanstalt und im Militärdienst. Im militärischen Bereich fühlt sich Gustl geborgen, hier geben ihm die Vorschriften, Verordnungen und die hierarchische Struktur einen Ordnungsrahmen. Das Militär ist für Gustl ein Unterwerfungs- und Entmündigungsprinzip, dem er sich vollständig beugt. Durch seine 10-jährige Sozialisation beim Militär hat Gustl jegliches Gefühl für bürgerliche Werte verloren. Die militärische Führung und die mit ihr verbundene Macht stellen für ihn die moralische Unfehlbarkeit dar. Für ihn gibt es keinerlei Zweifel an der Berechtigung des Duells mit dem Rechtsanwalt, so wie es auch keinerlei Überlegungen hinsichtlich einer Entschuldigung gegenüber dem Bäckermeister für seine Unhöflichkeit gibt. Zwar scheint ihn der Verlust seiner

Geborgenheit durch militärische Strukturen

Verlust des bürgerlichen Wertebewusstseins

Ehre anzutreiben, doch in Wirklichkeit ist es ein ausgehöhlter Ehrbegriff (vgl. S. 48 f.). Gleichzeitig sucht Gustl jegliche Schuld auf andere abzuwälzen, die für seine Situation verantwortlich sind: Steffi, weil sie für den Abend abgesagt hat, Kopetzky, der ihm die Karte gegeben hat, seine dienstlichen Verpflichtungen, die ihn überbeanspruchen, ein hinzutretender Gast, der ihn in ein Gespräch über das Militär verwickelt hat.
Dieser Emporkömmling ist – wie später Heinrich Manns Untertan – in seiner geistigen Beschränktheit, seiner Aggressivität und seinem unbedingten Gehorsam bedrohlich.

Exkurs: Heinrich Mann stellt in seinem zwischen 1906 und 1914 entstandenem satirischen Roman *Der Untertan* mit seiner zentralen Figur Diederich Heßling einen kaisertreuen Untertan vor, der einerseits vor der Macht zittert, andererseits danach drängt, Macht auszuüben. Dieser Untertan ist verlogen, feige und brutal; er fordert als Student den Vater seiner von ihm sitzen gelassenen Geliebten zum Duell auf. Als ein Offizier Heßlings Schwester verlässt, muss dieser sich von dem Offizier sagen lassen, dass er nicht satisfaktionsfähig sei. In seiner unbedingten kaisertreuen Gesinnung wird er zur Karikatur des Untertanengeistes der Zeit vor 1914.

Gustl fühlt sich durch seine Identifikation mit dem Militär einer Elite zugehörig und kann verächtlich auf diejenigen herabblicken, die für ihn nicht dazugehören, ja, er kann aufgrund seiner gesellschaftlichen Position sogar tätlich werden.

4.3 Gustls Bildungsdefizite

Fehlerhafte Verwendung von Fremdwörtern

Schon mit den ersten Aussagen beweist Gustl seine mangelnde Bildung. Er verwechselt das Oratorium mit einer Messe, die dann ja in einer Kirche stattfinden müsste („Ja, richtig: Oratorium! Ich hab' gemeint Messe", 3/7 f.).

Vollends entlarvend ist später Gustls selbstzufriedene Einschätzung, dass er mit seiner Duellforderung korrekt gehandelt habe, dies habe auch der Oberst bestätigt. Doch er ist sicher, dass nicht alle so wie er gehandelt hätten, sondern viele „den Burschen hätten durchschlüpfen lassen." (7/8 f.) Um sein eigenes Verhalten noch einmal deutlich herauszustreichen, vergleicht er sich mit einem Waffengefährten und scheitert an der Bedeutung des Wortes „objektiv" „Der Müller sicher, der wär' wieder objektiv gewesen oder so was. Mit dem Objektivsein hat sich noch jeder blamiert ..." (7/9 f.)

4.4 Der Säbel als Symbol für Macht, Männlichkeit und Versagen

Ein wichtiges Merkmal der klassischen Novelle ist das Dingsymbol, ein gegenständliches Zeichen, das den zentralen Angelpunkt im Geschehen bildet. In *Leutnant Gustl* gewinnt der Offizierssäbel, den Gustl als Zeichen seines Standes und der Standesehre, aber auch seiner Männlichkeit trägt, den Charakter eines Dingsymbols. Er symbolisiert Gustls aggressive Gedankenwelt, aber auch seine Machtlosigkeit gegenüber dem Bäckermeister.
In einer grotesken Szene wird die Allgegenwart des Status-Symbols für den Offizier vorgeführt. Gustl erinnert sich, wie sein Kamerad Wiesner an einem heißen Nachmittag in sein Zimmer getreten ist. Gustl, der nackt auf dem Bett gelegen hat, habe offenbar geträumt, sei dann wohl noch schlaftrunken aufgestanden und habe den Säbel gezogen. Der Anblick sei so komisch gewesen, dass „der Wiesner [...] sich halbtot gelacht" (23/23) hat.

Verpflichtung der Offiziere zum Waffentragen

Tatsächlich musste ein Offizier seine Waffe stets bei sich tragen, also auch im Theater oder bei ähnlichen Veranstaltungen. Damit wurde verdeutlicht, dass ein Offizier jederzeit auf einen Angriff eingestellt sein musste – auch auf einen Angriff auf die Ehre, die es sofort zu verteidigen galt. Schon ein kritischer Blick, das sogenannte Fixieren (vgl. S. 4/19: „Was guckt mich denn der Kerl dort immer an?"), eine Rempelei, ein unangemessenes Wort reichten als Beleidigung aus und erforderten eine sofortige Entschuldigung oder Rechtfertigung.

Säbel und Selbstbewusstsein

Im Konzert ist der Säbel für Gustl noch die Waffe, mit der er am folgenden Tag ein Duell ausfechten will. Er ist durchaus siegesgewiss, da er – im Gegensatz zu seinem Gegner – an der Waffe geschult ist. Sein Selbstbewusstsein bezieht er zudem aus der Tatsache, dass er durch die Spielregeln des Militärs im Recht ist. Endlich findet seine Lust nach kriegerischer Auseinandersetzung ein Ziel, das ihn möglicherweise auch militärisch weiterbringen wird, da er vom Wohlwollen der Vorgesetzten ausgehen kann.

Entehrung und symbolischer Verlust der Mannesehre

Dann aber wird dieses Symbol seines Standes, seiner Überlegenheit nur durch die Körperkraft eines Bäckermeisters entweiht. Gustl wird tätlich angegriffen, die höchste Form der Beleidigung, indem der Bäckermeister Gustls Säbel festhält und verhindert, dass er seinen Säbel ziehen kann; er wird beleidigt und dazu noch mit Schande bedroht. Der kräftige Bäckermeister droht ihm nämlich, den Säbel zu zerbrechen, was einer militärischen Degradierung gleichkäme. Aus dem Symbol des Überlegenen wird nun das Instrument der Scham. Für Gustl kommt die Handlungsweise des Bäckermeisters einem erfolgreichen Angriff auf seine männliche Potenz gleich.

Das störende Geräusch des Säbels in der Kirche

Nur einmal empfindet Gustl seine Waffe als störend. Als er im Morgengrauen die Kirche verlässt, vernimmt er das scheppernde Geräusch, mit dem sein Säbel über den Boden schleift und damit die Andacht stört.

4.5 Gustls unlösbarer Konflikt: Selbstmord, Amerika oder Verlust der Ehre

Die Auseinandersetzung und das Handgemenge mit dem Bäckermeister führen Gustl in eine – aus der Perspektive des Berufsoffiziers – aussichtslose Situation. Eine Nacht lang ist er mit seinen Gedanken völlig auf sich gestellt. Er wäre nun sich selbst gegenüber verpflichtet, die Frage zu beantworten, wie er nach den Beleidigungen handeln kann und muss, welche Normen er erfüllen muss, welche moralischen Werte für ihn selbst ausschlaggebend sind, doch hierzu ist er nicht in der Lage.

Durch seine eigene Schuld ist Gustl in einen Konflikt geraten, aus dem es für ihn kaum einen ehrenhaften Ausweg gibt. Seine beleidigenden Worte gegenüber dem Bäckermeister verstoßen gegen den Ehrenkodex des Militärs, gegenüber Zivilisten keine Beleidigungen zu äußern. Nur eine rasche Entschuldigung hätte hier den Konflikt bereinigen können. Gustl weiß, dass er einen Fehler begangen hat, aber seine abschweifenden Gedanken an mögliche Gründe, warum der Bäckermeister das Konzert besucht haben könnte, verhindern eine sofortige Reaktion. Erst als der Bäckermeister tätlich wird, wird Gustl sich des möglichen Skandals bewusst. Zu diesem Zeitpunkt ist auch eine rasche Verteidigung mit der Waffe unmöglich, denn eine unmittelbare Ehrenrettung durch den Einsatz des Säbels verhindert der Bäckermeister ja gerade mit seiner Körperkraft. „Und ich hab' ihn nicht auf der Stelle zusammengehauen? ... Aber ich hab' ja nicht können ... er hat ja eine Faust gehabt wie Eisen" (11/25 ff.). Dabei vergisst Gustl, dass er durch seine Beleidigung des Bäckermeisters eigentlich das Recht auf eine blutige Ehrenrettung mit der Waffe verwirkt hat.

Gustls Verstoß gegen den Ehrenkodex des Militärs

Die Androhung des Bäckers, den Säbel zu zerbrechen, den Leutnant also in aller Öffentlichkeit zu degradieren und zu verhöhnen, lässt Gustl in Starre verfallen, denn dies wäre das sofortige Ende seiner Laufbahn. Während er noch über das Geschehene nachdenkt, ist der Bäcker verschwunden, damit ist eine Wiedergutmachung nicht mehr möglich.

Entehrung durch den Bäckermeister

Die Lösung, die der Bäckermeister anbietet, das ganze Geschehen nicht öffentlich werden zu lassen, glaubt Gustl vor sich nicht verantworten zu können. Einerseits traut er dem Bäckermeister zu, dass dieser den Vorfall im Kaffeehaus, in dem auch Gustl verkehrt, erzählen könnte, andererseits scheut er davor zurück, den Bäcker aufzusuchen. Zudem gibt Gustl vor, dass er selbst ja

Zeuge des Vorfalls gewesen sei, dass also sein Offiziersgewissen ihm keine Ruhe lassen werde.

Der Bäckermeister ist die um seine Demütigung wissende Außenwelt, und weder den Bäckermeister noch die verlorene Ehre kann er aus seinem Bewusstsein löschen. Kurz überlegt Gustl, den Vorfall dem Oberst zu melden, doch er kennt die Regeln, er müsste sofort den Dienst quittieren. Das allerdings wäre für ihn die größte Schmach, zumal eine unehrenhafte Entlassung auch seine zivile Laufbahn erheblich belasten würde. Nur kurz taucht der Gedanke auf, nach Amerika auszuwandern. Letztlich scheiden das Quittieren des Dienstes und die Flucht nach Amerika aus, weil Gustl erkennt: „Das ist ja lauter Unsinn mit Amerika und quittieren, und du bist ja viel zu dumm, um was anderes anzufangen – und wenn du hundert Jahr' alt wirst“ (23/31 ff.). So kreisen seine Gedanken schließlich nur noch darum, dass er sich erschießen muss, und er überlegt, wie sein Selbstmord aufgenommen werden wird.

Bedrückende Selbsterkenntnis: keine Alternativen zum Selbstmord

Auch am frühen Morgen findet Gustl keinen wirklichen Ausweg aus dem Konflikt. Der Kellner begrüßt ihn, wie ihn der Bäckermeister verabschiedet hat, mit der Floskel „Habe die Ehre, Herr Leutnant!“ (34/4 – 11/1) Und tatsächlich schließt sich hier der Kreis: Die Ehre von Leutnant Gustl, die der Bäckermeister angegriffen hat, ist durch einen grotesken Zufall gerettet. Um Mitternacht ist der Bäckermeister vom Schlag getroffen die Treppe hinuntergestürzt. Wie weggeblasen sind nun die Gedanken an das Gewissen, das ihn kurze Zeit zuvor noch in den Tod getrieben hätte. Die Frage nach einer inneren Verpflichtung, die Ehre zu retten, stellt sich nicht mehr: „Tot ist er – tot ist er. Keiner weiß was, und nichts ist g'sch'n!“ (36/2 f.)

Der Kreis schließt sich – die floskelhafte Ehre

Der Tod des einzigen Zeugen seines Versagens

Aus der „Henkersmahlzeit“ mit den Brötchen des Bäckers ist Freude über das Verschwinden des einzigen Zeugen seines Versagens geworden. Alle unbequemen Gedanken an seine mehrfache Schmach sind weggewischt. Von außen betrachtet ist es ein selbstbetrügerischer, unehrenhafter und unehrlicher Triumph über den Bäckermeister, der die wissende Außenwelt vertrat. Vor dieser Außenwelt hatte Gustl mehr Angst als vor dem Verlust einer abstrakten Offiziersehre.

„Triumph" über den Bäckermeister, der die wissende Außenwelt verkörpert

Sein spontaner Plan, sich von seinem Bediensteten Johann „kalt abreiben" (36/22) zu lassen, denn sonst treffe ihn auch noch vor Freude der Schlag, kommt einer symbolhaften Reinigung von dieser Schande gleich. Es hat kein Sinneswandel in der Nacht stattgefunden, und instinktiv rührt sich Gustls Männlichkeit, die durch den Bäckermeister bedroht und entehrt war. Am Nachmittag will er seinen Gegner zerfleischen und sich am Abend mit Steffi vergnügen. Aggressivität und Sexualität sind Beweise seiner Männlichkeit.

4.6 Widersprüche zwischen Gedanken und Gefühlen

Schnitzler entlarvt den Leutnant Gustl, indem er die Widersprüchlichkeit seiner Gedanken und die Diskrepanz von unterdrückten Gefühlen und Handeln aufzeigt.

Gustls Todesgedanken als verdeckte Sehnsucht nach Liebe

Gustls Todesgedanke und die Vorstellung seiner eigenen Beerdigung können verstanden werden als eine unendliche Sehnsucht nach Liebe, sie bergen aber zugleich ein Moment der Rache in sich an denen, von denen er sich nicht geliebt fühlt. Doch Gustl ist sich seiner eigenen seelischen Verfassung nicht bewusst, und seine Gedanken verraten stellenweise seine tieferen Bewusstseinsschichten.

Er erinnert sich an das Eifersuchtsdrama, bei dem ein Kadett-Stellvertreter seine Geliebte aus Eifersucht erschossen und sich selbst schwer verletzt hat. „Unglaublich, weswegen sich die Leut' totschießen!" (18/10 f.), kommentiert er diesen Vorfall, und Schnitzler überlässt dem Leser die Assoziationen zu Gustls Grund für seine Selbstmordgedanken.

Gleichzeitig fragt sich Gustl: „Wie kann man überhaupt nur eifersüchtig sein? ... Mein Lebtag hab' ich so was nicht gekannt ..." (18/11 f.) Im gleichen Gedankengang

Verdrängte Eifersucht

klingt aber – trotz der gegenteiligen Behauptung – seine Eifersucht auf den Liebhaber Steffis durch: „Die Steffi ist jetzt gemütlich in der Gartenbaugesellschaft; dann geht sie mit ‚ihm' nach Haus … Nichts liegt mir d'ran, gar nichts! Hübsche Einrichtung hat sie" (18/12ff.).

Demonstration von Selbstbewusstsein und Stärke durch ironische Kommentare

Mehrfach kommentiert Gustl seine eigene Situation und versucht, sie durch Wortspiele ins Grotesk-Komische zu ziehen. Damit möchte er vor sich selbst Selbstbewusstsein und Stärke demonstrieren. Es ist ein trauriges Theaterspiel, denn Gustl empfindet in seinem Inneren durchaus das Unfassliche und Unwirkliche seiner Situation.

> „Ja, meiner Seel', vergessen tu' ich's jeden Moment … ist das schon je erhört worden, dass sich einer in ein paar Stunden eine Kugel durch'n Kopf jagen muss, und er denkt an alle möglichen Sachen, die ihn gar nichts mehr angeh'n? Meiner Seel, mir ist gerade so, als wenn ich einen Rausch hätt'! Haha! Ein schöner Rausch! ein Mordsrausch! Ein Selbstmordrausch!" (17/24ff.)

Das Aufbegehren des Körpers

Voller Stolz auf seine gute Haltung attestiert sich Gustl, dass er auch in dieser Situation Witze machen kann und bestätigt sich selbst: „Ja, ganz gut aufgelegt bin ich – so was muss doch angeboren sein." (17/30f.) Doch dieser Selbsteinschätzung widerspricht sein eigener Körper und plötzlich bemerkt Gustl, dass er fröstelt und dass seine Zähne klappern.

4.7 Gustls Ängste

Gustls Ängste: Versagensangst, Bindungsangst, Statusangst, Todesangst

Die Angst begleitet Gustl in immer neuen Abwandlungen. So hat er Angst davor, als Versager durchschaut zu werden (z. B. von seinem Duellgegner, von dem er sich sofort entlarvt fühlt); er hat Angst, seinen Status zu verlieren, wenn beispielsweise sein unehrenhaftes Verhalten bei seinen Vorgesetzten bekannt würde; er hat Angst davor, sich fest zu binden; als Bub hatte er Angst vor der Dunkelheit im Wald, wie sie ihn nun angesichts des Todes wieder überkommt; am furchtbarsten aber wütet in ihm die Todesangst.

Keine seiner Ängste vermag Gustl zu bekämpfen, denn er kann aufgrund fehlender Beziehungen zu seiner Familie oder anderen Menschen, seiner militärischen Erziehung und seiner Situation als Offizier keine Gegenkräfte wie Selbstvertrauen, Hoffnung, Glaube, Liebe entwickeln. Durch eine erzwungene militärische Haltung und durch überhebliches Auftreten versucht Gustl zwar, seine Ängste zu überspielen und letztlich vor sich selbst zu verleugnen, doch das Ausweichen vor einer Auseinandersetzung mit den Ängsten verhindert seine Weiterentwicklung zu einem ausgeglichenen Charakter.

Das Fehlen von Gegenkräften: Vertrauen, Hoffnung, Glaube, Liebe

Seine Versagensangst, die zum Ausdruck kommt, wenn er sich selbst als wenig wert bezeichnet, stachelt Gustl dazu an, aktiv und aggressiv zu werden und beispielsweise den Rechtsanwalt zum Duell zu fordern. Der Mut, den er damit unter Beweis zu stellen glaubt, entspringt jedoch einerseits dem Rollenklischee des Leutnants, andererseits ist Gustl sicher, dem Gegner gegenüber deutlich im Vorteil zu sein. Er weiß, dass er nicht viel erreicht hat, und so ist das Einzige, worauf er stolz ist, sein Offizierspatent.

Lähmende Todesangst

Die Todesangst dagegen lähmt Gustl vollständig. Sie macht ihn kopflos, lässt ihn unentwegt die eigentliche Problematik vergessen und raubt ihm jeglichen klaren Gedanken: „So, jetzt heißt's nur überlegen – aber was denn? ... Immer will ich mir was überlegen ..."(29/6 f.); „Mir scheint, ich schnapp' doch noch über ..." (29/17 f.); „Ha! Mir scheint, das Sterben macht blöd'!" (30/23)

Seine tief greifende Angst sucht er durch floskelhafte Sprüche zu überwinden: „die Angst hat noch keinem was geholfen, jeder muss es einmal durchmachen, der eine früher, der andere später, und Du kommst halt früher d'ran ..." (29/2 ff.)

4.8 Die ungeschriebenen Briefe

Hilflose Versuche der Kommunikation

Mehrmals überlegt Gustl, Abschiedsbriefe zu schreiben, doch gerade hier zeigt sich seine Unfähigkeit, sich seiner Gefühle bewusst zu werden und diese auszudrücken. So kommt er in dem „Briefentwurf" an seine Freundin zunächst über eine herablassende und hilflose, zugleich aber auch verlogene Anrede Steffis nicht hinweg, die er gerade noch in Gedanken „Luder" genannt hat („Mein liebes Kind", 32/30).

Auch die wenigen Zeilen, die Gustl im Geist an seine Schwester formuliert („ich habe Euch alle immer sehr lieb gehabt", 33/8 f.), scheinen auf den ersten Blick nichtssagend zu sein, doch angesichts seiner Todesangst wirken sie wie ein verspäteter Hilferuf und spiegeln Gustls Erkenntnis wider, dass er völlig einsam ist. Dies wird unterstrichen durch Gustls resignierende Feststellung: „Briefe schreiben? Wozu denn? An wen denn? … Abschied nehmen? – Ja, zum Teufel hinein, das ist doch deutlich genug, wenn man sich totschießt! – Dann merken's die andern schon, dass man Abschied genommen hat." (24/13 ff.)

5. Personenkonstellationen

5.1 Gustl und die Frauen

Gustls Angst vor Nähe wird gerade da besonders deutlich, wo Gefühle ins Spiel kommen könnten. Gefühle der Zuneigung, der Zärtlichkeit oder gar Liebe erlebt Gustl als gefährlich und verdrängt sie. Doch in den Stunden der Selbstbefragung tauchen vergangene Bilder auf.

Erinnerungen an eine vergessene Liebe – Adele

So fällt Gustl, nachdem er „seit zwei Jahren […] an die nicht mehr gedacht" (25/34 f.) hat, plötzlich Adele ein. Er weiß angeblich nicht einmal mehr, warum er sich von ihr getrennt hat, aber er erinnert sich daran, wie dieses anspruchslose, bescheidene Mädchen bei der Trennung geweint hat. Sein Erstaunen über ihre Tränen charakterisiert seine Unfähigkeit, mit den Gefühlen anderer angemessen umzugehen, zugleich aber wird auch in der Überraschung eine menschliches Bewegung sichtbar. „Das war doch eigentlich das Hübscheste, was ich erlebt' hab'." (26/2 f.)

Angst vor dauerhaften Beziehungen

Dann aber verrät sich Gustl durch seine Gedanken doch noch: „Dann hab' ich eine Angst g'habt, dass ich überhaupt nimmer loskomm'" (26/8 f.). Er sieht also in einer persönlich nahen Beziehung seine Unabhängigkeit gefährdet und wehrt sich offensichtlich schroff dagegen. Dabei hätte Adele seinen Vorstellungen entsprochen, denn sie arbeitete in einem Geschäft und damit gehörte sie nicht zu den „Menscher[n]" (29/14), die leicht zu bekommen sind und mit denen sich Gustl sonst einlässt. Allerdings verschweigt er sich selbst gegenüber, dass er als Offizier ohne Mitgift Adele nicht hätte heiraten können, zudem wäre Adele auch kaum standesgemäß gewesen.

Adele als unstandesgemäße Verbindung

Angst vor einer tieferen Bindung braucht er im Hinblick auf Steffi nicht zu haben. Und so schätzt er diese Beziehung für sich als „bequemer" (26/12) ein, weil „man nur gelegentlich engagiert ist und ein anderer hat die ganzen Unannehmlichkeiten, und ich hab' nur das Vergnügen" (26/13 ff.).

Steffi – eine bequeme Partnerin

Steffi ist etwa so alt wie die Schwester Gustls und lässt sich von einem Mann aushalten. Die rote Lampe in ihrem Badezimmer verweist deutlich auf die Käuflichkeit ihrer Liebe. Seit Weihnachten hat sie ein intimes Verhältnis mit Gustl – neben ihrem offenkundig bezahlenden Liebhaber, der mit seinem schwarzen Bart eindrucksvoll aussieht und sogar Reserveleutnant und Jude sein soll.

Steffis Abhängigkeit von ihrem Liebhaber

Gustl muss sich den Terminwünschen des Liebhabers beugen, und Steffi muss bedacht sein, dass ihr Liebhaber von diesem Verhältnis nichts erfährt, „sonst gibt ‚er' ihr den Abschied. … Arme Person!" (14/14) Gustl bedauert die Abhängigkeit Steffis von ihrem Liebhaber, der sie aushält, zugleich aber entlarvt er seine eigene Abhängigkeit, indem er ihr selbst dann folgt, wenn sie mit diesem ausgeht. Zwar behauptet Gustl keine Eifersucht zu ken-

Uneingestandene Eifersucht

nen, doch sein tiefer Ärger über die Absagen seiner Freundin belehren den Leser eines Besseren. Als er in Ruhe über die Gründe seines Wutausbruchs, der zu der Beleidigung durch den Bäckermeister geführt hat, nachdenkt, sieht er plötzlich die Schuld auch bei der „ewige[n] Absagerei von der Steffi" (22/37).

Gustls Traum von einem Verhältnis mit einer höherstehenden verheirateten Frau

Eine festere Beziehung käme für Gustl jedoch auch nicht in Betracht, angesichts seiner Überlegungen, „was dem Fließ sein Verhältnis mit der Winterfeld kostet!" (8/33 f.) Stattdessen wünscht er sich das Verhältnis mit einer verheirateten, anständigen Frau, denn „da hätt' man einen Respekt vor sich selber haben dürfen." (21/3 f.) Die Frau wird also von Gustl nicht als Partnerin wahrgenommen, sondern im Sinne einer therapeutischen Funktion, zur Entfaltung seiner Selbstakzeptanz.

Erschreckend deutlich wird Gustls Perspektive auf den Objektcharakter seiner Freundin Steffi, wenn er sich vor Augen hält, welchen Aufwand er beispielsweise für eine andere Frau hätte betreiben müssen: „Aber faul darf man halt nicht sein ... da heißt's: Cour machen, Blumen schicken, vernünftig reden ... das geht nicht so, dass man sagt: Komm morgen Nachmittag zu mir in die Kasern'!" (20/27 ff.)

Frauen als Objekte

Frauen werden von Gustl auch nie als Partnerinnen gesehen, denen man sich anvertrauen kann. Er sieht sie nur unter dem Gesichtspunkt des hübschen Äußeren oder der raschen sexuellen Erreichbarkeit, denn ob „so ein Mensch Steffi oder Kunigunde heißt, bleibt sich gleich." (24/21 f.) Zudem kann man Frauen wie Gegenstände an Kameraden weiterreichen. Und so bleiben viele der Frauen, an die sich Gustl erinnert, gesichtslos, er erinnert sich allenfalls an ein „rotes Kleid" oder die Adresse.

Sein Verhältnis zu Frauen resultiert nicht zuletzt auch aus seinen sexuellen Erfahrungen, die ihn im Nachhinein z.T. mit Scham und auch mit Ekel erfüllen. „Aber ewig diese Menscher ... und so jung hab' ich ang'fangen – ein Bub war ich ja noch, wie ich damals den ersten Urlaub gehabt hab' und in Graz bei den Eltern zu Haus war ... der Riedl war auch dabei – eine Böhmin ist es gewesen ... die muss doppelt so alt gewesen sein, wie ich – in der Früh bin ich erst nach Haus gekommen. Wie mich der Vater ang'schaut hat ... und die Klara . Vor der Klara hab' ich mich am meisten g'schämt ..." (21/4 ff.) Noch einschneidender ist die Erinnerung an eine Begegnung in dem entlegenen Militärstandort Przemysl: „mir hat's nachher so gegraut, dass ich gemeint hab', nie wieder rühr' ich ein Frauenzimmer an ..." (17/14 ff.)

5.2 Die Familie

Schon der Titel der Erzählung *Leutnant Gustl* vermittelt die tiefe Spaltung der Hauptperson in zwei sehr unterschiedliche Lebensentwürfe zwischen Öffentlichkeit und Privatheit: Auf der einen Seite ist Gustl als Offizier Vertreter eines bedeutenden Standes der k. u. k Monarchie; auf der anderen Seite belegt die Koseform des Vornamens Gustav, dass Gustl – wie er sich auch selbst anredet – in eine sentimental-kindliche Situation eingebunden ist. Darüber hinaus erinnert der Name an das Lied vom „armen Augustin".

Die Furcht des Vierzehnjährigen im Wald

Und so bekommt das Wort „Bub" eine doppelte Bedeutung in der Novelle, eine private und eine öffentliche. Gustl erinnert sich, als er mit Todesgedanken durch den finsteren Prater geht, daran, dass er „als kleiner Bub, damals im Wald" (19/11 f.) ein einziges Mal Furcht gehabt hat. Dabei fällt ihm ein, dass er damals schon „vierzehn oder fünfzehn" (19/12 f.) Jahre alt gewesen sei, also durchaus kein kleiner Junge mehr. Seine gegenwärtige Todesfurcht korrespondiert offensichtlich mit der Furcht des 14-jährigen Kadetten. Die Beleidigung des Bäckermeisters, der Gustl abwertend „Sie dummer Bub" (10/27 f.) nennt, zielt also genau auf das unausgereifte, einfältige Verhalten, das so wenig offiziergemäß ist wie Gustls Angst vor der Entdeckung seiner Entehrung. Noch immer ist er – trotz seines Berufsstandes – ein kleiner Bub geblieben, der sich selbst Gustl nennt.

Gustl, der unreife „Bub"

Die Beleidigung „Bub"

Seine Eltern und seine Schwester leben in dem etwa 200 km von Wien entfernten Graz, einem beliebten Wohn-

Die Familie

ort für Pensionäre. Tatsächlich ist Gustls Vater als kleiner Beamter vorzeitig in den Ruhestand gegangen. Doch Gustls Hinweis darauf, dass nun die Kränkung wohl überwunden sei, deutet darauf hin, dass diese Pensionierung nicht ganz freiwillig gewesen ist. Es fällt außerdem auf, dass Gustl seinen Vater – im Gegensatz zu seiner Mutter und seiner Schwester – kaum erwähnt. Offensichtlich gibt er ihm Schuld daran, dass eine militärische Karriere aus finanziellen Gründen fast unmöglich ist.

Schuld des Vaters am Misslingen der Militärkarriere

Gustls 28-jährige Schwester Klara, die von ihm mehrfach mit einem gewissen Wohlwollen erwähnt wird, war verlobt, ist jedoch immer noch unverheiratet. Wie wenig Gustl aber tatsächlich Anteil an seiner Schwester nimmt, zeigt sich darin, dass er nicht einmal weiß, warum die Verlobung aufgelöst worden ist. Gustl hofft jedoch, dass seine Schwester – mit finanzieller Unterstützung des Onkels – noch heiraten werde.

Sentimentalität und Selbstmitleid

Sobald Gustl an seine Familie denkt, überkommen ihn Selbstmitleid und Rührung. Immer wieder richten sich seine Gedanken in einem kindlichen Ton darauf, wie „der Papa und die Mama und die Klara" (26/19) etwa auf einen Besuch oder auf die Mitteilung seines Todes reagieren würden. Gustl zeigt aber zugleich Distanz und eine eigentümliche Scheu vor menschlicher Nähe, so trifft seine Feststellung sicherlich zu, dass weder seine Schwester noch seine Eltern ihn genauer kennen: „Gern haben sie mich ja – aber was wissen sie denn von mir?" (26/21 f.) Und überrascht bemerkt er: „Dass mich manchmal selber vor mir graust, das hab' ich ihnen ja doch nicht geschrieben – na, mir scheint, ich hab's auch selber gar nicht recht gewusst" (26/23 ff.).

5.3 Der Bäckermeister

Der Bäckermeister als Kontrastperson zu Gustl

In der Figur des bürgerlichen Bäckermeisters hat Schnitzler die Kontrastfigur zu Gustl geschaffen. Das Aufeinandertreffen Gustls und des bodenständigen Bäckermeisters bei einem geistlichen Konzert verdeutlicht, dass der

Bäckermeister Gustl offensichtlich nicht nur körperlich überlegen ist, sondern Interesse an klassischer Musik hat, während Gustl interesselos das Konzert verfolgt, weil er eine Freikarte bekommen hat. Zudem verkehrt er wie Gustl in demselben Kaffeehaus, doch spielt er hier Tarock, während Gustl um Geld spielt und Geld verliert, das er gar nicht hat.

Als Gustl den Bäckermeister beleidigt, reagiert dieser selbstbewusst, ruhig und überlegen. Den körperlich schwächeren Gustl hält er sich vom Leib, indem er zupackend verhindert, dass dieser seinen Säbel zücken kann. Natürlich weiß der Bäckermeister um die Schmach, die er Gustl zufügt, er weiß auch, dass Gustl handeln müsste. Seine ruhig vorgetragene Warnung, notfalls den Säbel zu zerbrechen und an Gustls Kommandanten zu schicken, beweist, dass er sich im Verhaltenskodex des Militärs hervorragend auskennt. Dies wird auch deutlich, als er Gustl leise zusagt, den Vorfall nicht an die Öffentlichkeit zu bringen, um dessen Karriere nicht zu gefährden. Damit schätzt der Bäckermeister Gustls wenig standesgemäßes Denken zutreffend ein. Er nimmt an, dass es Gustl nicht auf die Offiziersehre ankommt, sondern darauf, dass keiner von dem Vorfall erfährt.

Der Bäckermeister durchschaut Gustl

Wenn Gustl den Bäckermeister nach dessen Tod verächtlich und zynisch mit „Herr von Habetswallner“ (36/13) anspricht und sich für die ‚Semmel‘ bedankt, so beweist dies, wie gering Gustls Anteilnahme an seinen Mitmenschen ist.

5.4 Kopetzky

Die gleiche Bedeutung wie Steffi hat Gustls einziger Freund beim Militär, Kopetzky. Er ist für ihn der einzige wirkliche Ansprechpartner. Doch er gehört zum Militärapparat, kann Gustl nur in diesem Bereich eine Hilfe sein und stärkt allenfalls sein Denken in militärischen Normen.

Mehrfach überlegt Gustl, ob er Kopetzky nicht um Rat fragen sollte, ihm würde er gerne einen Abschiedsbrief schreiben. Er plant sogar, Kopetzky „einen Brief [zu] schreiben, wo alles drinsteht, die ganze G'schicht' schreib' ich auf…" (27/25 f.) Doch letztlich vertraut Gustl sich auch ihm nicht an.

5.5 Weitere Personen

Gustls Wut auf den „sozialistischen Akademiker"

Den Duellgegner, den Gustl bei einer Einladung der Familie Mannheimer kennengelernt hat, glaubt er sofort als Sozialisten zu durchschauen, weil er Jurist ist. Damit ist er dem national gesinnten Gustl sofort verdächtig. Verstärkt wird Gustls Ablehnung durch sein Minderwertigkeitsgefühl dem promovierten Akademiker gegenüber, von dem er sich als gymnasialer Versager durchschaut fühlt. So kommt Gustl die Frage nach den Gründen für die Zugehörigkeit zum Militär gerade recht, um seine innere Wut über diesen offensichtlich erfolgreichen Mann durch eine Duellforderung aufzuwie-gen.

Die Mannheimer: getaufte, reiche Juden

Die Gastgeber dieser Gesellschaft, „die Mannheimer", sind Gustl in gleicher Weise verdächtig, sie sollen getaufte Juden sein. Voller Neid erkennt er, dass die Familie wohlhabend ist, was er auf den jüdischen Hintergrund zurückführt: „Na ja, wer hat's Geld?" (5/12) Sich weltmännisch gebend, hebt Gustl das Essen, die Zigarren und die blonde bildhübsche Gastgeberin hervor. Mit dieser erträumt er sich ein Verhältnis.

Offiziere als Vorbilder Gustls

Besondere Bedeutung haben für Gustl seine Vorgesetzten. Sie sind Vorbilder und geben ihm Handlungssicherheit. So hebt er hervor, dass „der Oberst sagt […], es war absolut korrekt" (7/4 f.), das Duell zu fordern. Die Ansprache des Oberst ergreift Gustl, obgleich man nichts über den Inhalt erfährt. Aber dieser Oberst ist auch sein Angstgegner, denn er weiß, dass dieser ihn aufgrund der Entehrung durch den Bäckermeister sofort „mit Schimpf und Schand'" (12/30) entlassen würde.

Als Gustl überlegt, wer seine Nachfolge übernimmt und den Zug bekommt, fällt ihm der „Walterer" ein, „ein Kerl ohne Schneid', der hätt' auch lieber Schuster werden sollen“ (28/21). Gustl bemerkt nicht, wie ähnlich er selbst diesem Versager ist.

6. Sprache

Schnitzlers neue Erzähltechnik verlangt auch eine neue Perspektive auf den Schreibprozess. Der innere Monolog, den Schnitzler in die deutsche Literatur einführt, ist zunächst ja die Imitation eines geistigen Vorgangs, der noch vor einer mündlichen Verständigung steht. Die Gedanken Gustls haben allenfalls einen Bezug auf das eigene Ich als Kommunikationspartner.

Erzähltechnik als Imitation geistiger Vorgänge

Die Sprache ist somit nicht zur Verständigung gedacht, sondern sie ist Spiegel eines nur in Ausnahmefällen beobachtbaren Prozesses. Die zeitliche und inhaltliche Abfolge der Gedanken ist, anders als bei einer mündlichen Verständigung oder bei Schriftlichkeit, keinerlei von außen vorgegebenen Regeln unterworfen, sondern folgt gedächtnisphysiologischen und -psychologischen Prozessen wie Verstärken von Aspekten, unterbewusste Filterung von Gedanken, Vergessen und Verlagerung von Gesichtspunkten, Integration von Erinnerungen.

Wiedergabe von Gedanken unter gedächtnisphysiologischen und gedächtnispsychologischen Gesichtspunkten

Es gibt, anders als bei mündlichen und schriftlichen Äußerungen, keinerlei Korrekturen durch Außenstehende, also auch keine Sanktionen bei Verstößen gegen die Sprachnormen, wenngleich eingeschliffene Formen sich auch in den Gedanken deutlicher ausprägen, beispielsweise Gustls Befehlston, seine hilflosen Fragen und seine banalen Floskeln.

Schnitzler orientiert sich bei der schriftlichen Umsetzung des inneren Monologs an den Besonderheiten gesprochener Sprache. Zusätzlich entwickelt er eine Art Zeichenpartitur, die zusammen mit Frage- und Ausrufesätzen eine eigene Sprachmelodie erzeugen. Das verwendete sprachliche Repertoire wird einige Zeit später von Autoren wie Döblin (*Berlin Alexanderplatz*), Joyce (*Ulysses*), Keun (*Das kunstseidene Mädchen*) weiter differenziert.

Gedankenwiedergabe mit Mitteln der gesprochenen Sprache

Besonderheiten der gesprochenen Sprache

Schnitzler weicht in dem inneren Monolog von der normierten standardlautlichen Sprache ab und verwendet eine umgangssprachliche Abänderung, die auch dialektale Elemente enthält. Dies wird deutlich am:

Umgangssprachliche Elemente als Merkmal des inneren Monologs

- Entfallen von Vokalen: dasitz'; grad' der; ausg'seh'n; Kadettenschul'; G'schicht'
- Verschmelzung von Präposition und Artikel: mit'm
- Verschmelzung von Verb und Personalpronomen: Sie werden's; aus wär's gewesen
- Dialektale Umgangssprache: Gustl; Nasenspitzel; hübsches Weiberl; Zündhölzeln; Maiglöckerln; Veigerln; Krenfleisch, vorlamentieren, Abschreiberei (Absagen); Sechserl; Beisl (einfache Gaststätte); Hascherl (arme Person); Menscher (abwertend für junge Frauen)

Verniedlichungsformen

Die Verniedlichungsformen des österreichischen Dialekts erwecken zunächst eine Art von gemütlicher Atmosphäre, doch wirken sie im Kontext häufig unangemessen und grotesk, etwa wenn Gustl seinem Gegner beim Duell das „Nasenspitzel" abschlagen will.

Syntaktische Konstruktionen

Unvollständige Sätze – Ellipsen

Die unvollständigen Sätze (Ellipsen) spiegeln Gustls Erregung und starke emotionale Betroffenheit wider. Die Ellipsen enthalten dabei allerdings immer das Wesentliche zum Verständnis und sind aus dem Kontext heraus verstehbar. So wird aus dem vorhergehenden Satz „Ist doch traurig, so gar niemanden zu haben", die folgende Ellipse verständlich: „Aber so ein Unsinn! Der Papa und die Mama und die Klara" (26/19).

Beim Erwachen im Park wird die Überraschung Gustls durch eine Reihung von Ausrufen und unvollständigen Sätzen erkennbar: „Was ist? [...] ... Wo ... Ja, träum' ich denn? ... Mein Schädel ... o, Donnerwetter ... Fischamend" (24/33 ff.).

Satzreihen (Parataxen)

Das Bruchstückhafte und Zerrissene von Gustls Gedanken wird durch einander nebengeordnete Satzreihen (parataktischer Satzbau) ausgedrückt, die unverbunden sind, so dass sich ein stakkatohafter Ablauf der Gedanken beobachten lässt. Die einzelnen Informationen stehen dabei nebeneinander wie isolierte Blöcke. Hierdurch ergeben sich Pausen vor und hinter den einzelnen Gedanken, die durch die Zeichensetzung noch einmal verdeutlicht werden.

Parataktischer Satzbau – fehlende Unterordnung der Sätze

Die Unverbundenheit der Sätze betont Gustls fast kindliche Denkweise. Es gibt keine miteinander verschränkten Informationen, sie stehen gleichwertig nebeneinander. Wie in der einfachen Erzählweise von Kindern werden mehrmals die einzelnen Erzählschritte durch das Adverb „dann" in Verbindung mit „und" eingeleitet: „Ja, und dann ist von den Kadettenschulen gesprochen worden … […] und dann hat der Doktor gesagt – […] und dann war einer da" (7/21 ff.).

Gustels kindliche Erzählweise: „und dann …"

Satzzeichen als Partitur

Der Naturalismus hatte in seinem Bemühen, auch in Erzählungen das Gesprochene möglichst wirklichkeitsgetreu wiederzugeben, die Satzzeichen als stilistische Mittel erkannt und eingesetzt: Vor allem den Gedankenstrichen und Pünktchen kamen als Pausenzeichen eine besondere Bedeutung zu.

Schnitzler greift diese partiturähnliche Darstellung auf und schafft damit eine Möglichkeit, die Gedanken Gustls in ihren Sprüngen, in den Assoziationsketten und hektischen Ausbrüchen darzustellen. Zusammen mit den Fragezeichen, den Ausrufezeichen und den Punkten am Satzende ergibt sich außerdem eine sehr präzise Darstellung der Satzmelodien.

Die Gedankenstriche stehen für kurze Pausen, in denen die Gedanken eng verschränkt sind, die Pünktchen dagegen verdeutlichen eine längere Pause, die oft mit einem Gedankensprung einhergeht. Hinzu kommen die Satzendzeichen, die die Sprechmelodie ansteigen oder absteigen lassen beziehungsweise auf der gleichen Höhe belassen.

Satzrhythmen

> „Und der Kerl lebt weiter, ruhig weiter, während ich – krepieren muss! – Der hat mich doch umgebracht … Ja, Gustl, merkst d' was? – Der ist es, der dich umbringt!" (27/21 ff.)

Satzzeichen als Partitur der Satzbetonungen

Im ersten Satz kündigen zwei Kommas kurze gedankliche Pausen an, zugleich wirken die Wortwiederholungen wie verstärkende Echos. Ein Gedankenstrich signalisiert eine etwas längere Pause, die andeutet, dass Gustl um ein Wort für seine fatale Situation ringt. Als er das umgangsprachliche Verb „krepieren" und das Modalverb „muss", das die zwanghafte Vorstellung des Unausweichlichen signalisiert, ausspricht, senkt sich die Stimme fast beschwörend beim Ausrufezeichen. Und erneut vermittelt der Gedankenstrich, dass Gustl noch einmal genau nachdenkt, um sich dann bestärkend vor Augen zu halten, dass sein Schicksal sich schon durch den Angriff des Bäckermeisters vollzogen hat. Er muss nicht nur krepieren, er ist eigentlich durch das Verhalten des Bäckermeisters schon so gut wie tot. Mit einer bestärkenden Interjektion, einer Selbstansprache und einer rhetorischen Frage fordert sich Gustl auf, die Schuld noch einmal genau zu überdenken. Fast triumphierend hebt sich die Stimme am Ende des Satzes mit dem Fragezeichen. Die folgende Pause gibt ihm noch einmal Spielraum, um das Gesagte zu überdenken. Erneut senkt sich die (innere) Stimme und gibt der Aussage eine dringliche Bedeutung. Jetzt wählt Gustl das Präsens, nun ist der Tod in die Gegenwart gerückt.

Lexikalische Besonderheiten

Expressive und imitative Interjektionen

Interjektionen treten in der mündlichen Kommunikation häufig auf und sollen beim Hörer Interesse erzeugen. In Schnitzlers Novelle dienen die vielen Interjektionen dazu, Gustls jeweilige Gefühlslage wiederzugeben. Es sind daher vor allem nachdrückliche Ausrufe (expressive Interjektionen), die Überraschung oder Ironie ausdrücken sollen („Ha! Ein obdachloser Leutnant!", 19/27). Hinzu kommen stellenweise nachahmende Ausrufe (imitative Interjektionen), die beispielsweise Gustls unheiteres Lachen andeuten („Haha! Wenn das ganze Bataillon ausrückt“ (17/3).

Abtönungspartikel

Abtönungspartikel sind in der gesprochenen Sprache sehr häufig. Sie akzentuieren die Beurteilungen, Vermutungen und Einstellungen des Sprechers. Wenn Gustl sich vor sich selbst entschuldigend denkt: “Ich bin’s halt nicht gewohnt“ (3/6), so drückt die Partikel „halt“ aus, dass man an dieser Haltung nichts ändern könne. Durch Abtönungspartikel (v. a. „denn“) in den Fragesätzen wird der Leser mit den Fragen Gustls konfrontiert, die seine immer wiederkehrende Vergesslichkeit ausdrücken: „Wie sind wir denn nur d’rauf gekommen?“ (7/13); „wie heißt der denn nur?“ (7/17)

Abtönungspatikel als Betonung von Einstellungen, Beurteilungen und Vermutungen

Fragen mit dem Abtönungspartikel „denn“

Die häufigsten Abtönungspartikel sind: ja, denn wohl, halt, eben, mal bloß, eigentlich, vielleicht, ruhig.

Wort- und Satzwiederholungen

Mehrfach weisen Wiederholungen von Wörtern oder Satzteilen auf Gustls innere Spannung hin und unterstreichen seine Gefühle. Teilweise sind die Wortwiederholungen auch mit Fragen verknüpft und kennzeichnen Gustls verzweifelte Suche nach Antworten und Handlungsalternativen:. „Wär’ so das Gescheiteste! … Das Gescheiteste? Das Gescheiteste? – Gibt ja überhaupt nichts anderes … gibt nichts anderes …“ (13/12 ff.)

Wort- und Satzwiederholungen als Verstärkung

Die Wiederholungen von einzelnen Wörtern kann auch in Form einer Steigerung (Klimax) erfolgen: „[L]angsamer, langsamer, Gustl, versäumst nichts, hast gar nichts mehr zu tun – gar nichts, aber absolut nichts mehr!“ (19/2 ff.)

Wortwiederholungen mit Steigerung

Neben die Wiederholung einzelner Wörter tritt die Wiederholung ganzer Sätze, die Gustls Fassungslosigkeit und das Kreisen seiner Gedanken um einen Schwerpunkt widerspiegeln sollen. So drückt Gustl seinen Triumph mit der mehrfachen Wiederholung aus: „Tot ist er – tot ist er!“ (36/2) „Also, tot ist er – tot ist er – ich kann’s noch gar nicht glauben!“ (36/6 f.)

Wortspiele
Wiederholt versucht Gustl sich durch Wortspiele über die eigene Situation lustig zu machen, doch angesichts seiner eingestandenen Angst wirken diese Wortspiele häufig sarkastisch: „Meiner Seel', mir ist gerade so, als wenn ich einen Rausch hätt'! Haha! Ein schöner Rausch! ein Mordsrausch! Ein Selbstmordsrausch! – Ha! Witze mach' ich, das ist sehr gut!" (17/27 ff.)

Artikelwörter in Verbindung mit einem Eigennamen
In der gesprochenen Sprache ist die Verwendung eines Eigennamens mit einem Artikel, die im Schriftlichen abwertend wirkt, häufig zu beobachten. Damit wird eine vertraute Beziehung zu dieser Person signalisiert, zudem hat diese Ausdrucksweise einen stärker hinweisenden Charakter. Und so denkt Gustl auch an „die Steffi", will „der Klara" schreiben und „dem Kopetzky" Adieu sagen.

Weitere Auffälligkeiten im Satzbau
Fragesätze

Ein wichtiges Element der Aufmerksamkeitslenkung des Lesers auf Gustls Charakter sind die Fragen, die sich dieser in entscheidenden Momenten stellt. Viele können als rhetorische Fragen verstanden werden, weil keine Antwort erwartet wird, sondern die Frage sich aus dem Kontext selbst beantwortet („Und was hab' ich denn vom ganzen Leben gehabt?", 31/27). Nicht selten drücken die rhetorischen Fragen auch die Verwunderung Gustls über das Geschehen aus: „Ja, warum lasst er denn meinen Säbel net aus?" (10/19 f.) Zumeist erkennt man die rhetorischen Fragen dann an den Ausrufen, mit denen die starke emotionale Anspannung Gustls vermittelt wird.
Schon der erste Satz der Novelle ist eine Frage, die zunächst Gustls Ungeduld und Langweile signalisiert: „Wie lang' wird denn das noch dauern?" (3/1) Gustls Ungeduld steigert sich im Laufe des Konzerts, wird immer empörter. Die Frage nach dem Ende des Konzerts durchzieht den Anfang der Novelle wie ein roter Faden: „Jetzt wird's

doch bald aus sein?“ (5/13) „Noch immer nicht aus?“ (6/16) „Ja, was ist denn? Jetzt muss es doch bald aus sein?“ (8/16)

Gustl Fragen verraten häufig, wie zerfahren und sprunghaft seine Gedanken sind. Seine Verwirrung, seine Ängste und sein verzweifelter Versuch, sich über Geschehenes klar zu werden, wird in der Kernszene der Novelle deutlich:

> „Was sagt er da? Um Gottes willen, es hat's doch keiner gehört? Nein, er red't ganz leise ... Ja, warum lasst er denn meinen Säbel net aus? [...] Ist nicht am End' der Major hinter mir? ... Bemerkt's nur niemand, dass er den Griff von meinem Säbel hält? Er red't ja zu mir! Was red't er denn?“ (10/18 ff.)

Die atemlose Reihung der Fragen spiegelt die Atemlosigkeit und das Entsetzen des Leutnants Gustl wider. Die unerhörte Grenzüberschreitung des Bäckermeisters und die daraus resultierende tiefste Verwirrung Gustls werden unmittelbar spürbar.

Immer wieder befragt Gustl unsicher seine Gefühle, versucht sich selbst zu betrügen, um manchmal doch sich selbst gegenüber ehrlich zu sein:

> „Was ist denn das, dass ich auf einmal so blödes Herzklopfen krieg'? – Das wird doch nicht deswegen sein ... Nein, oh nein ... es ist, weil ich so lang' nichts gegessen hab'. – – Aber Gustl, sei doch aufrichtig mit Dir selber: – Angst hast Du“ (28/33 ff.).

Gustl versucht immer wieder Ordnung in seine Gedanken zu bringen und ruft sich dabei selbst zu einem angemessenen Verhalten auf. Dabei entspricht dieses Verhalten keineswegs seinem seelischen Zustand, sondern er übernimmt selbst in dieser Situation das Rollenkorsett militärischer Anforderungen, die sich nicht zuletzt auch sprachlich niederschlagen.

> „Fehlt nur noch, dass du zum Weinen anfangst ... pfui Teufel! – Ordentlich Schritt ... so!“ (26/27 f.)

Die außerordentliche Anspannung und Erregung wird durch die vielen Ausrufesätze Gustls vermittelt. Vielfach werden diese Sätze zusätzlich durch Ausrufe als Ausdruck spontaner Reaktionen eingeleitet: „Mir sagt das einer! Mir sagt das so ein Kerl, so ein Hund!" (12/11 f.) „Ah, lieber gleich eine Kugel vor den Kopf, als so was! … Wär so das Gescheiteste!" (13/11 f.) „Unsinn! Unsinn! Kein Mensch weiß was, kein Mensch weiß was!" (13/20 f.)

Der Konjunktiv II

Konjunktiv II als Modus der Irrealität, der Wünsche und Möglichkeiten

Gustls innerer Monolog weist vor allem nach der Konfrontation mit dem Bäckermeister eine starke Anreicherung mit Formen des Konjunktivs II auf. Der Konjunktiv II bezeichnet den Modus der Irrealität, er schließt dabei irreale Wünsche und Möglichkeiten ein. Somit spiegelt sich in der Verwendung des Konjunktivs II die Seelenlage Gustls, der zwischen Resignation über sein Schicksal und irrealen Hoffnungen, Wünschen und unerfüllbaren Bedingungen schwankt.
Während Gustl im Konzert sitzt, überdenkt er seine Situation, erinnert sich an verschiedene Begebenheiten und plant sehr real seinen Sommerurlaub. Der Indikativ Präsens zeigt, dass Gustl mit seinen Gedanken noch in der Realität verhaftet ist, wenn er beispielsweise an das Ende des Konzerts denkt: „Ah, ich freu' mich so auf die frische Luft!" (6/16 f.) Nur hin und wieder überlegt er, wie der Abend auch anders hätte aussehen können: „Wie schön hätt' der heutige Abend sein können." (4/28)
Dann aber wirft ihn die Konfrontation mit dem Bäcker aus seinem Alltag heraus. Nun stellt sich Gustl in seinen Gedanken vor, wie er hätte reagieren müssen: „gleich hätt' ich's tun müssen, gleich!" (12/23 f.) Dann erwägt er Handlungsalternativen zum Selbstmord: „Wie wär's, wenn ich mit dem Kopetzky spräch'?" (13/16 f.) Und denkt mit Bedauern an verpasste Chancen: „Ich hätt' Ökonomie studiert, wär' zum Onkel gegangen […] … Jetzt wär' ich am End schon verheiratet" (21/31 ff.).
Häufig flüchtet Gustl sich in seinen Gedanken in irreale Bedingungssätze (oft mit „wenn" eingeleitet), etwa wenn

er großtuerisch sagt: „Mir scheint, wenn ich das Ding bei mir hätt' ... jetzt würd' ich abdrücken" (17/32 f.).

Das Modalverb „müssen"

Schon im zweiten Satz der Erzählung wird die Zwanghaftigkeit von Gustls Handeln durch das Modalverb „müssen" herausgestellt. So wie ihn seine Langeweile treibt, auf die Uhr zu schauen, treibt ihn auch später sein verletztes Ehrgefühl voran. Nach dem Zwischenfall mit dem Bäckermeister reflektiert Gustl zunächst seine Pflicht zu handeln. Dabei verwendet er den Konjunktiv, um sich zu vergegenwärtigen, was eigentlich von ihm zu fordern wäre: „Ich müsst' ja den Säbel ziehen" (11/4 f.); „gleich hätt' ich's tun müssen" (11/9); „so müsst' ich mich ja stante pede erschießen" (11/14 f.). Erst als ihm das ganze Ausmaß des Ehrverlustes klar geworden ist, werden die Anforderungen des Offiziersstandes zu einer ungeheuren Kraft, die auf Gustl einen beklemmenden sozialen und psychischen Zwang ausübt: „ich muss mich totschießen, weil ein Bäckermeister mich einen dummen Buben genannt hat" (25/7 f.). Und als wolle er zeigen, dass er die Normen des Offiziersdaseins verinnerlicht habe, versucht er sich einzureden: „Ich muss! Ich muss! Nein, ich will!" (31/9 f.)

Handlungszwänge

Die Handlungszwänge hinterfragt Gustl zunächst nicht. Erst auf dem Rückweg aus dem nächtlichen Park reflektiert er seine Zwangslage: „und das Schönste ist, dass mich keiner zwingt. – Wenn ich wollt', könnt' ich noch immer den ganzen Krempel hinschmeißen" (31/4 ff.).

Am Ende der Erzählung könnte Gustl vom äußeren Zwang befreit sein, er könnte seine nächtliche Reise überdenken und Schlüsse daraus ziehen, doch wieder überantwortet er sich einer übergeordneten Macht und Instanz, von der er Impulse erwartet: „Was mach' ich denn nur? .. Was mach ich denn nur? ... Es muss ja was gescheh'n, sonst trifft mich auch noch der Schlag vor lauter Freud'!" (36/18 ff.)

Redensarten und Floskeln

Die Formelhaftigkeit des Militärischen, die sprachlichen Stereotypen und die erschreckende Leere der Gedanken zeigen sich in den Redensarten und Floskeln, die die Gedanken des Leutnants Gustl bestimmen („Ehre verloren, alles verloren!“, 16/24 f.).

Vielfach macht sich Gustl Mut durch sinnleere, markige Sprüche, die von seinen militärischen Vorgesetzten stammen, deren Autorität sich Gustl freiwillig beugt: „Ja: ob man zu einem Rendezvous geht oder in den sicher'n Tod, am Gang und am G'sicht lasst sich das der richtige Offizier nicht anerkennen! – Also Gustl – der Major Lederer hat's g'sagt! Ha!“ (26/32 ff.)

Phrasen als Handlungskonzept

Es sind Gemeinplätze, an denen sich Gustl festhält, um eine Orientierung in seiner armseligen Welt zu haben. So hofft er darauf, dass sein Oberst beim „Leichenbegängnis von einem Leutnant“ (17/2) die völlig abgegriffenen Phrasen sagen wird: „Er ist ein braver Kerl gewesen, wir werden ihm ein treues Angedenken bewahren!“ (16/17)

Mit Blick auf die Duellforderung fallen ihm die hohlen Worte ein, mit denen er vorgibt, in einem höheren Auftrag zu handeln: „Man muss gelegentlich ein Exempel statuieren.“ (7/3)

Die verpasste Gelegenheit, ein junges Mädchen anzusprechen, kommentiert Gustl mit der Redewendung: „Was du heute kannst besorgen, das verschiebe nicht auf morgen!“ (33/22 f.) Sogar seinen Selbstmord kommentiert er mit nichtssagenden Formulierungen: „jeder muss es einmal durchmachen, der eine früher, der andere später, und du kommst halt früher d'ran“ (29/3 ff.)

7. Gustl – „mit den Jahren gewiß ein tüchtiger und anständiger Offizier“?

Auch wenn Schnitzler 1931 kurz vor seinem Tode dem Leutnant Gustl attestiert hat, dass er „ein ganz netter, nur durch Standesvorurteile verwirrter Bursch“ gewesen sei und „mit den Jahren gewiß ein tüchtiger und anständiger Offizier“ (zit. nach: Laermann, 1977, S. 130) hätte werden können, ist nicht zu übersehen, dass Schnitzler in seiner Novelle einen unehrlichen, geistlosen und aggressiven Offizier auftreten lässt, der nicht einmal in der Todesangst zur Einsicht kommt. Kaum kann man glauben, dass Schnitzler seinen kriegssehnsüchtigen, patriotischen Leutnant nach den Erfahrungen des Ersten Weltkrieges so harmlos sieht. Vielmehr ist man geneigt zu glauben, dass die Bemerkung ironisch gemeint ist und das Allgegenwärtige eines derartigen Typus zur Erscheinungszeit der Novelle meint. Nahezu alle Zeitgenossen Schnitzlers haben den Leutnant als Stellvertreter einer beschränkten militärischen Idee gesehen, der durch Kadettenerziehung fehlgeleitet und starren militärischen Regeln unterworfen ist. Gustl funktioniert nach den militärischen Regeln, damit wäre er in diesem Sinne „tüchtig“. Er kann seinem Leben keinen eigenen Inhalt geben und ist unfähig, den Ehrbegriff, der ihn an den Rand des Todes bringt, zu überdenken. Gustl ist in seiner arroganten Aggressivität und in seiner Gefühlskälte anderen gegenüber ein höchst gefährlicher Zeitgenosse.

Gustl als Repräsentant einer fehlgeleiteten militärischen Idee

Entsprechend weist Wendelin Schmidt-Dengler auf Schnitzlers kritische Perspektive auf die militärische Erziehung hin. Aus den

Kritik an der militärischen Erziehung

> „vielen inkohärenten Ansichten und Äußerungen Gustls [ergibt] sich sehr deutlich, daß seine ursprünglichen Anlagen durch die militärische Erziehung völlig verformt wurden. Und die durch die radikalisierte Subjektivität des inneren Monologs vermittelte Kritik trifft nachhaltiger, als es die Satire oder eine Analyse des Status quo der Armee vermöchte. Schnitzler hat das Konstrukt, mit dem die Armee ihren Angehörigen in den letzten Jahren der Habsburger Monarchie eine Identitätsstütze zu geben suchte, von innen aufgebrochen und am Fall des Leutnants Gustl zu zeigen versucht, wie sexuelle Wunschträume und Minderwertigkeitsgefühle, Aggression und Verzweiflung, Gedankenlosigkeit und schonungslose

> Selbsterkenntnis in einem Kopf Platz haben und untrennbar miteinander verbunden sind." (Schmitdt-Dengler, 1996, S. 32 f.)

Am deutlichsten zeigt die zeitgenössische Reaktion, wie tief Schnitzler das Militär mit seiner Novelle getroffen hat.

8. Der Skandal um die Novelle *Leutnant Gustl*

In wenigen Tagen schreibt Schnitzler im Juli 1900 die Novelle nieder; nach eigenen Aussagen hat er dabei einen tatsächlichen Vorfall vor Augen. Schnitzler, sonst sehr selbstkritisch, notiert nach der Niederschrift, dass er die Empfindung habe, *Leutnant Gustl* sei ein Meisterwerk. Am 25. Dezember 1900 wird die Novelle in der Weihnachtsnummer der *Neuen Freien Presse* veröffentlicht, zu Schnitzlers Verärgerung fehlt in einem Teil der Ausgabe der Schluss.
Schon kurze Zeit nach dem Erscheinen von *Leutnant Gustl* erfährt Schnitzler, dass die Erzählung in Offizierskreisen für erhebliche Missstimmung gesorgt hat. Am 28. Dezember erscheint ein Leitartikel in der Wiener Tageszeitung *Reichswehr*, die in militärischen Kreisen eine große Leserschaft hatte. In diesem Artikel wenden sich die Herausgeber der Zeitung polemisch gegen Schnitzler:

> „Das ist das literarische Denkmal des österreichischen Lieutnants, entworfen und ausgeführt von Herrn Schnitzler […]. Dieses Gemisch von Unflath, niedrigster Gesinnung und Verdorbenheit des Herzens, von Feigheit und Gewissenlosigkeit steckt Herr Schnitzler in eine österreichische Lieutnantsuniform und stellt es im Feuilleton der ‚N. Fr. Presse' aus. Vierundzwanzig Spalten unter dem Strich, voller Gedankenstriche und – Strichgedanken, ein Panoptikum von literarischen Perversitäten mit dem deutlichen Katalogvermerk: Der österreichische Militarismus in seiner heutigen

> Gestalt. Bravo, Herr Schnitzler!“ (Zit. nach: Polt-Heinzl, 2002, S. 45 f.)

Wie sich später herausstellte, erwartete man auf diesen Leitartikel eine Reaktion von Schnitzler, doch dieser ignoriert den Angriff. Es sei hier daran erinnert, dass Schnitzler Reserveoffizier war und dass er in diesem Artikel persönlich angegriffen wurde, was durchaus zu einer scharfen Reaktion von seiner Seite hätte führen können. Von mehreren Seiten wurde Schnitzler aber dabei unterstützt, Kritik an literarischen Erzeugnissen nicht als Beleidigung im Sinne des militärischen Ehrenkodex zu sehen.
Es folgt am 6. Januar ein Brief des „k. k. Landwehrergänzungsbezirkskommando Nr. 1“, in dem Schnitzler nachdrücklich in Form eines Befehls durch einen Major aufgefordert wird, mitzuteilen, ob er Verfasser des *Leutnant Gustl* sei. Schnitzler antwortet, dass er nicht verpflichtet sei, seine schriftstellerischen Tätigkeiten dienstlich zu melden, gibt dann aber zu, die Novelle verfasst zu haben.
Es folgen im Zuge einer „ehrenrätlichen Vorverhandlung“ mehrere Ladungen Schnitzlers vor den „ehrenrätlichen Ausschuß für Landwehroffiziere und Kadetten“, denen Schnitzler keine Folge leistet. Er erklärt mehrfach, dass seine schriftstellerische Arbeit keinerlei Begründungen für eine Vorladung vor dem „ehrenrätlichen Ausschuß“ biete, zugleich befürchtet er aber, dass man ihn, wenn er, wie gefordert, in Uniform erscheine, sofort nach militärischem Recht unter Ausschluss der Öffentlichkeit verurteilt werden könnte. Am 14. Juni 1901 wird Schnitzler seines Offiziersranges enthoben und zum Sanitätssoldaten des Landsturms degradiert.

> „Der beschuldigte Oberarzt etc. hat die Standesehre dadurch verletzt, daß er als dem Offiziersstande angehörig eine Novelle verfaßte und in einem Weltblatte veröffentlichte, durch deren Inhalt die Ehre und das Ansehen der österr. ung. Armee geschädigt und herabgesetzt wurde, sowie daß er gegen die persönlichen Angriffe der

> Zeitung „Reichswehr“ keinerlei Schritte unternommen hat.“ (Zit. nach: Polt-Heinzl, 2002, S. 52)

Das Ehrenverfahren wurde begleitet durch eine antisemitische Berichterstattung in deutschnationalen und christlichsozialen Medien.

Antisemitische Entrüstung gegen die Novelle und Befürwortung der unehrenhaften Entlassung Schnitzlers aus dem Offiziersdienst

> „Die ‚Deutsche Zeitung‘: ‚Wir glauben, daß für ein Subjekt, das so niedriger Denkungsart fähig ist, daß es sich davor nicht scheut, den Stand, dem es anzugehören es gewiß nicht würdig war, zu besudeln und in den Augen anderer herabzusetzen, ein moralischer Fußtritt viel zu wenig ist.‘ Die ‚Österreichische Volkspresse fauchte:‘ Literaturjude Schnitzler … Schundwerke … Schandstück … alle anderen Schunderzeugnisse dieses Juden … Wir sagen: ‚Unsere Armee‘, denn diese, den Ehrbegriff und die Mannesvorzüge verkörpernde Einrichtung ist durch und durch eine arische, daher dem jüdischen Wesen strikt entgegengesetzt und von den Hebräern von Grund aus verhasst.“ (Knilli, 1976, S. 146)

Schnitzler zog für sich die Schlussfolgerung aus dem Prozess, dass sein *Leutnant Gustl*, sollte er ihn noch einmal schreiben, nicht mehr so liebenswürdig ausfallen würde.
Noch 1962, zum 100. Todestag von Schnitzler, empörte sich *Die Tradition. Das Nachrichtenblatt Alt-Österreichs* darüber, dass man einen Autor würdige, der mit seiner Erzählung *Leutnant Gustl* den Ehrenkodex des k. u. k. Offizierskorps verunglimpft habe.

III *Traumnovelle*

1. Inhalt

Kapitel 1 – Erotisch geprägte Begegnungen und verborgene Wünsche (S. 3–10)

Die Erzählung beginnt mit einem kurzen Ausschnitt aus einem Märchen, das die Tochter ihren Eltern, Fridolin und Albertine, vorliest. Es stammt aus *Tausendundeine Nacht* und enthält Motive wie Geheimnisse, Abenteuer und Verkleidung, die auch die Novelle durchziehen. Zugleich wird das Konstruktionsprinzip der Novelle, das Märchenhafte und das Erzählen im Erzählten, sichtbar. Als die kleine Tochter beim Vorlesen einschläft, wird sie vom Kindermädchen zu Bett gebracht.

Märchenhafter Beginn

In diesem Moment ändert sich die harmonisch-liebevolle Stimmung. Eilig und offensichtlich ungeduldig nehmen die Eltern ein zuvor geführtes Gespräch über die vergangene Ballnacht wieder auf. Auf einem der letzten Karnevalsbälle hatten beide Partner kurze Begegnungen, die unterschwellige erotische Gefühle hervorgerufen haben, letztlich aber ergebnislos verlaufen sind. Fridolin fühlte sich von zwei als Domino verkleideten jungen Frauen angezogen, die ihm versprachen, ohne Maske wiederzukehren, jedoch nicht wieder auftauchten. Auch Albertine wird kurze Zeit von einem Unbekannten angezogen, dessen „melancholisch-blasiertes Wesen" (4/7 f.) und fremdländische Sprache ihr gefielen. Doch nach einer unpassenden Bemerkung des Mannes kehrt sie gekränkt zu Fridolin zurück. Als hätten sie beide gerade erst Bekanntschaft geschlossen, genießt das Ehepaar wie frisch Verliebte den Abend mit Champagner, Austern und anspielungsreichen Gesprächen. Nach einer raschen Heimfahrt erleben beide eine Liebesnacht, wie sie sie schon lange nicht mehr erfahren haben.

Die roten Dominos

Erinnerungen an den Ballabend und aufkeimende Eifersucht

Am folgenden Abend werden die Erinnerungen an die beiden Begegnungen auf dem Ball wieder im Gespräch aufgenommen, sie erscheinen nun plötzlich im „trügerischen Scheine versäumter Möglichkeiten“ (4/30) als „zauberhaft“ (4/31). Trotz der Bedeutungslosigkeit der Erlebnisse haben beide Partner das Gefühl, der andere verheimliche etwas, und beide steigern sich in ein Gefühl von Eifersucht hinein, in das sich der Wunsch nach „gelinder Rache“ (4/35) mischt.

Aussprache über uneingestandene Wünsche und Sehnsüchte

Der Bericht über die vergangenen Ballerlebnisse mündet in ein ernsthafteres Gespräch ein, das von uneingestandenen Wünschen und unterbewussten Sehnsüchten handelt. Beide wissen, dass sie in der Ballnacht nicht zum ersten Mal von einem „Hauch von Abenteuer, Freiheit und Gefahr“ (5/11 f.) innerlich verunsichert worden sind. Aus diesem Gefühl heraus versuchen beide Ehepartner nun, den anderen zu einem Geständnis eines Erlebnisses zu bringen, das diese unterbewusste Neugier nach erotischen Erlebnissen widerspiegelt. Im Verlauf des Gespräches baut sich allmählich ein eifersüchtiges Misstrauen auf.

Albertine versucht als Erste die Gereiztheit abzubauen, indem sie Fridolin ihr Erlebnis aus dem vergangenen Sommerurlaub am dänischen Strand erzählt. Sie berichtet ihrem Mann, dass sie in diesem Urlaub in Dänemark

Albertines Sehnsucht nach einem jungen Mann

für einen Tag lang eine unbedingte Sehnsucht nach einem jungen Mann empfunden habe. Zwar hätten sie kein Wort miteinander gewechselt, doch hätte sie ihm, hätte er sie aufgefordert, alles geopfert, hätte sogar, wie sie glaubt, Fridolin und ihre Tochter verlassen. Zugleich

Bereitschaft zur völligen Hingabe

habe sie aber für ihren Mann tiefe Liebe sowie Mitleid empfunden. Als der junge Mann am nächsten Morgen nicht mehr erschienen sei, habe sie Bangigkeit empfunden. Sie wisse jedoch nicht, ob sie sich mehr davor gefürchtet habe, dass „er abgereist [sei], oder davor, dass er noch da sein könnte“ (6/22).

Albertine weiß, dass auch Fridolin an jenem Strand in Dänemark ein besonderes Erlebnis gehabt haben muss. Tatsächlich erzählt Fridolin von einer harmlosen Begegnung mit einem etwa fünfzehnjährigen, zarten und blonden Mädchen. Ihr zufälliges Aufeinandertreffen an den Badehütten am Strand zu früher Stunde habe sein Begehren geweckt, und er sei im Begriff gewesen, das Mädchen zu umarmen. Erst eine Geste des Mädchens habe ihn innehalten und gehen lassen. Die Armbewegung des Mädchens habe ihn so tief aufgewühlt, dass er sich „einer Ohnmacht nah" (8/2) gefühlt habe.

Fridolins Begegnung mit einem jungen Mädchen am Strand

Misstrauisch fragt Albertine, wie oft er diesen Weg noch gegangen sei. Da es der letzte Tag des Urlaubs gewesen sei, muss Fridolin eingestehen, dass es nur diese eine Begegnung gegeben hat. Er bekennt jedoch, dass er nicht wisse, „was unter anderen Umständen geworden wäre." (8/6)

Albertine, die von Fridolins Erzählung verstimmt scheint, bittet ihren Mann, derartige „Dinge künftighin immer gleich [zu] erzählen" (8/11 f.). Fridolin versichert ihr, dass er in jeder Frau, die er begehre, stets nur Albertine suche. Albertine wirkt nach diesem Eingeständnis kühl und distanziert. Sie verunsichert ihren Mann durch eine weitere Erzählung von einer Begegnung am Wörthersee kurz vor ihrer Verlobung. Sie habe sich an einem schönen Sommerabend mit einem gutaussehenden jungen Mann am Fenster unterhalten. Während dieser Unterhaltung habe sie gedacht, wenn dieser attraktive junge Mann die richtigen Worte an sie wendete, ginge sie mit ihm überall hin und wäre sofort bereit, sich ihm hinzugeben. Doch dazu sei es nicht gekommen, dafür habe dieser „entzückende junge Mensch" (9/28) ihr einen Heiratsantrag gemacht. Es war also Fridolin, dem sich Albertine schon vor der Hochzeit hingegeben hätte. Fridolins Eifersucht wächst nach dieser Schilderung, und er fragt Albertine, was geschehen wäre, hätte ein anderer als er sich mit ihr unterhalten und das entsprechende Wort gefunden. Albertine versichert ihm, dass kein anderer als Fridolin sie an diesem Abend hätte verführen können. Dessen Unbehangen steigert sich, doch bevor er weiter nachhaken kann, wird er zu einem Patienten gerufen.

Verstimmung Albertines

Albertines erste Begegnung mit Fridolin

Kapitel 2 – Der tote Hofrat und Marianne (S. 11–16)

Marianne, die Tochter des Hofrats

Der Patient, ein hoher Beamter, ist schon tot, als Fridolin eintrifft. Er nimmt eine unangenehme Mischung verschiedener Gerüche wahr, zu der sich der ‚süßlich fade Geruch' (vgl. 11/22) der Tochter des Hofrats, Marianne, gesellt. Zwar ist Marianne erst 27 Jahre alt, doch Fridolin stellt fest, dass die Krankenpflege und die Hausarbeit sie frühzeitig haben altern lassen. Ihm fällt das trockene Haar und der leicht gelblich gefärbte, nicht ganz faltenlose Hals auf.

Mariannes Verlobter, Dr. Roediger

Während Marianne knapp den Krankheitsverlauf bis zum Tod schildert, schließlich auch ihren Verlobten erwähnt, stellt Fridolin sich vor, wie Marianne aufblühen würde, wäre er ihr Geliebter. Seine weiteren Gedanken widmen sich der Frage, warum Marianne ausgerechnet den blassen, eher unscheinbaren Doktor der Geschichte, Doktor Roediger, heiraten will. Währenddessen erzählt Marianne von ihrem Vater und ihrem Bruder. Es scheint Fridolin, als spreche sie zu sich selbst, und er beobachtet sie mit ärztlichem Blick: „Sie ist magerer geworden in der letzten Zeit. Spitzenkatarrh vermutlich" (13/18 f.). Als Marianne plötzlich schweigt, überkommt Fridolin ein unangenehmes Gefühl, als schweige auch der tote Geheimrat „absichtsvoll und mit Schadenfreude" (13/33). Er empfiehlt Marianne, rasch die Wohnung zu wechseln, um der dumpfen Atmosphäre des Hauses zu entgehen.

Mariannes Liebesgeständnis

In diesem Augenblick bricht die junge Frau in Tränen aus, fällt vor Fridolin auf die Knie, gesteht ihm ihre tiefe Liebe und äußert den Wunsch, in seiner Nähe bleiben zu können. Zwar war Fridolin immer bewusst, dass sie glaubte, in ihn verliebt zu sein, oder es auch wirklich war, dennoch ergreift ihn das Geständnis. Zugleich distanziert er sich mit einer medizinischen Diagnose: „Natürlich ist auch Hysterie dabei" (15/4 f.). Als er sie im Arm hält und ihr unwillkürlich einen Kuss auf die Stirn gibt, denkt er an seine Frau. In diesem Moment steigen in ihm „Bitterkeit … und ein dumpfer Groll gegen den Herrn in Dänemark" (15/15 f.) auf, von dem ihm Albertine erzählt hat. Den Groll kann er auch nicht überwinden, als er Marianne fester umarmt, vielmehr verspürt er beim Anblick ihres glanzlosen Haares und beim Geruch ihrer ungelüfteten Kleidung Widerwillen. Seine Annäherung scheitert – ebenso wie auch die späteren. Aus dieser Situation wird er durch die Ankunft des Verlobten erlöst. Doch als dieser zur Tür geht, um Verwandte einzulassen, wiederholt Marianne ihr Liebesgeständnis, das Fridolin nur dazu veranlasst, „nicht ohne Zärtlichkeit" (16/6 f.) ihren Namen auszusprechen. Als sich das Zimmer mit Trauernden füllt, entfernt er sich.

Kapitel 3 – Beginn einer geheimnisvollen Nacht (S. 17–22)

Als Fridolin auf die Straße tritt, erscheint ihm das zuvor Erlebte gespenstisch unwirklich. Ihm fällt auf, dass die Luft schon trügerisch frühlingshaft wirkt und der Schnee im Vergleich zur vorhergehenden Nacht weiter geschmolzen ist. Beim Anblick eines Bettlers, der auf einer Bank schläft, denkt er darüber nach, ob es sinnvoll sei, einem einzelnen Menschen zu helfen, wo es doch „Tausende von solchen armen Teufeln" (17/26) in Wien gebe. Seine Gedanken beschäftigen sich mit dem Verwesungsprozess seines ehemaligen Patienten, und in Abwehr dieser angstvollen Bilder ist Fridolin froh, dass er „mitten in seiner Jugend" (17/18) steht und „eine reizende und liebenswerte Frau" (18/1) hat, ja dass er sogar, „wenn es ihm gerade beliebte" (18/3), weitere Frauen haben könnte. Seine Wünsche nach anderen Frauen sieht er jedoch durch seine hohe Arbeitsbelastung als unerfüllbar, und seine Gedanken wandern zu seinen ärztlichen Pflichten am folgenden Tag.

Gedanken an den Tod

Zusammenstoß mit einem Studenten

Mit diesen Überlegungen gewinnt er seine Sicherheit zurück, doch sie werden unterbrochen durch einen unangenehmen Zusammenstoß mit Studenten einer schlagenden studentischen Verbindung. Der letzte der vorbeigehenden Studenten, ein „langer Kerl im offnen Winterrock, eine Binde über dem linken Auge" (18/28 f.), stößt ihn absichtlich mit dem Ellbogen an. Nach zwei Schritten drehen sich beide um und blicken einander an, doch Fridolin geht weiter. Nicht einmal das gehässige Lachen des Studenten hält ihn auf. Allerdings merkt er, dass sein Herz klopft und seine Knie weich geworden sind. Eigentlich wäre das Verhalten des Studenten einer Duellforderung gleichgekommen. Den Gedanken, dass sein Verhalten feige gewesen sein könnte, verwirft Fridolin rasch. Er hält sich zu seiner Beruhigung vor Augen, dass ein Duell für einen „Mann von fünfunddreißig Jahren", der „praktischer Arzt, verheiratet, Vater eines Kindes" (19/14 f.) ist, völlig unsinnig sei. Er beruhigt sich weiter damit, dass er schon drei Duelle mit Säbel ausgefochten hat und sogar zu einem – letztlich abgesagten – Pistolenduell bereit gewesen sei. Letztlich sei er sogar als Arzt in große Gefahr geraten, weil ein „diphtheritiskranke[s] Kind ihm ins Gesicht gehustet" (19/25 f.) hat. Seine uneingestandenen Ängste vor körperlicher Verletzung kompensiert er, indem er weitere Argumente dafür findet, dass er keineswegs aus Feigheit, sondern aus Vernunft gehandelt hat. Gleichzeitig aber steigert er sich in die Vorstellung eines Duells mit dem blonden Dänen hinein, von dem Albertine ihm am Abend zuvor erzählt hat. Ihm würde er sich sofort zum Duell mit Pistolen stellen und ihm mit „Wonne" (20/3) die Pistole an die Stirn setzen.

Argumente gegen ein Duell

Begegnung mit einer Prostituierten

Aus diesen Gedanken erwachend, findet er sich in einer engen Gasse wieder, in der sich ein ‚paar armselige Dirnen' herumtreiben. Plötzlich kommt ihm diese Gegend gespenstisch vor, ebenso beklemmend wie die vorhergegangen Begegnungen.

Mizzi, eine junge Prostituierte

Ein zierliches junges Mädchen, das sich Mizzi nennt, spricht ihn an und fordert ihn auf, mit ihr zu kommen.

Als er ihr blasses Gesicht sieht, das sich stark von den rotgeschminkten Lippen abhebt, denkt er erneut über den Tod nach. Nach kurzem Zögern folgt er der Prostituierten in ihr Zimmer. Auf dem Weg dahin nimmt er sich vor, dass er „sie natürlich nicht anrühren“ (21/9) werde. Erneut hält ihn unterbewusst die Angst vor dem Tod und vor Ansteckung zurück. Während sich das junge siebzehnjährige Mädchen entkleidet, fällt ihm auf, wie natürlich rot der Mund ist. Annäherungen lehnt er ab, findet jedoch die Stimme der jungen Frau so sanft und liebevoll, dass er sich mit ihr unterhalten möchte.

Mizzis Zurückweisung

Als die junge Prostituierte seine Zurückweisung bedauert und „schad'!“ (22/10) flüstert, fühlt sich Fridolin plötzlich erregt und zu ihr hingezogen. Er versucht sie zu umwerben, doch nun weist die blutjunge Frau Fridolin ab. Sie stimmt zu, dass Fridolin wohl recht habe, wenn er sich vor ihr fürchte, denn wenn etwas passiere, werde er sie verfluchen. Nach diesem rätselhaften Satz verlässt Fridolin das Haus und küsst der jungen Prostituierten wie einer Adligen zum Abschied die Hand. Im Weggehen nimmt er sich vor, dem „lieben armen Ding morgen Wein und Näschereien heraufzuschicken.“ (22/28 f.) Seine Scham, die er bei der Zurückweisung durch Mizzi empfunden hat, versucht er durch diesen Gedanken zu verdrängen. Jetzt kehrt er den sozial Höhergestellten heraus, der sich großzügig gibt.

Kapitel 4 – Die Nacht der unerfüllten sexuellen Wünsche (S. 23–48)

Wiedersehen mit Nachtigall

Beim Heraustreten bemerkt Fridolin, dass es noch einmal wärmer geworden ist. Er kann sich nicht entschließen, nach Hause zu gehen, zu sehr ist er durch die Begegnung mit den Studenten, durch das Geständnis von Marianne, vor allem aber nach wie vor durch das Gespräch mit Albertine verstimmt.

Ohne Ziel geht er durch die Straßen und findet sich schließlich in einem altwienerischen, gemütlichen Kaffeehaus wieder. Die Berichte von Eifersuchtsdramen, politischen Ereignissen und alltäglichen Geschehnissen, die er in der Zeitung liest, wirken „ernüchternd und beruhigend" (24/5 f.) auf ihn. Nur die Zeitungsmeldung, dass sich ein junges Mädchen mit Sublimat vergiftet hat, berührt ihn. Während er sich die Qualen dieser jungen Frau vorstellt, erblickt er einen ehemaligen Studiengefährten, Nachtigall. Dieser wirkt recht heruntergekommen. Fridolin erinnert sich sogleich an verschiedene Begebenheiten mit seinem Studienkollegen, bei denen es häufig wegen dessen unpassenden Benehmens zu Skandalen gekommen ist.

Gifttod einer Unbekannten

Fridolin erfährt, dass sich Nachtigall als Pianist über Wasser hält, eine Frau und vier Kinder hat und neben Auftritten in verschiedenen Lokalen auch in geheimen Kreisen Klavier spielt. Nachtigall berichtet von seinen nächtlichen Engagements bei geheimen Bällen, bei denen nackte, ungewöhnlich attraktive Frauen auftreten. Fridolin ist durch die Erzählung „sonderbar erregt" (29/22), bittet, dass Nachtigall ihn mitnimmt. Fridolin erfährt nun, dass ein derartiger Besuch unmöglich sei. Man benötige ein Kennwort, das Nachtigall selbst erst auf der Fahrt zu einem unbekannten Ziel erfahre, man müsse ein Kostüm tragen, außerdem werde er selbst von wechselnden Kutschern abgeholt und beim Ball selbst seien ihm sogar die Augen verbunden. Nur weil seine Augenbinde verrutscht gewesen sei, habe er im Spiegel das Geschehen verfolgen können.

Nachtigall, Fridolins alter Studienkollege

Nachtigalls Schilderung geheimer Bälle

Die voyeuristische Lust, die Fridolin bei seiner Begegnung mit dem Mädchen am Strand erkennen ließ, wird durch Nachtigalls Erzählungen weiter angeregt, und er überredet Nachtigall trotz dessen Widerstand, ihm dazu zu verhelfen, am Ball teilzunehmen.

Begierde, am Ball teilzunehmen

Die kleine Pierrette

Zunächst muss Fridolin ein Kostüm ausleihen. Als er das Lokal verlässt, erblickt er die Kutsche, die Nachtigall abholen soll, sie erinnert ihn an eine Trauerkutsche, und sein anfänglicher Mut verlässt ihn. So hofft er, den Kostümverleiher nicht anzutreffen, doch er wird – trotz der späten Stunde – zu Gibiser, dem Kostümverleiher, geführt. Die Kleidung von Gibiser erinnert an die Kleidung des Prinzen im Märchen, allerdings ist sie nicht prächtig, sondern ebenso heruntergekommen wie der gesamte Kostümverleih. Gibiser trägt einen „altmodischen geblümten Schlafrock und eine türkische Mütze mit einer Troddel“ (31/11 f.).

Der Kostümverleiher Gibiser

Wieder sind es Gerüche, die Fridolin intensiv wahrnimmt: „Es roch nach Seide, Samt, Parfüms, Staub und trockenen Blumen.“ (31/18 f.) Zugleich ist der ganze Raum düster, unwirklich und verschwommen. Die zu beiden Seiten des Ganges hängenden Kostüme wirken in der Finsternis wie Gehängte, und Fridolin meint einen Totentanz vor sich zu sehen.

Ein Klirren am Ende des Ganges veranlasst den Kostümverleiher, das Licht einzuschalten. Mit einem Mal ist der Raum bis zum Ende des Ganges in gleißendes Licht getaucht. Zu seiner Überraschung entdeckt Fridolin am Ende des Ganges zwei als Femerichter verkleidete Personen, die an einem kleinen Tisch sitzen, der mit Flaschen, Gläsern und Tellern gedeckt ist. Gleichzeitig nimmt er ein „zierliches helles Wesen“ (32/7) wahr, das davonhuscht. Es ist, wie sich herausstellt, die zarte, anmutige Tochter des Kostümverleihers, fast noch ein Kind, die als Pierrette verkleidet ist. Sie erinnert an das junge Mädchen, dem Fridolin in Dänemark am Strand begegnet ist. Vor dem verärgerten Vater flüchtet sich das junge Mädchen zu Fridolin. Sie presst sich an ihn, und er nimmt den Duft von „Rosen und Puder auf“, der „von ihren zarten Brüsten“ (32/19 f.) aufsteigt. Er fühlt sich so von ihr angezogen, dass er sie am liebsten mitgenommen hätte. Seine geheimen Wünsche spiegeln sich in dem Satz wider: „was immer daraus gefolgt wäre.“ (32/32)

Pierrette, die Tochter des Kostümverleihers

Pierrettes Flucht in Fridolins Arme

Währenddessen droht Gibiser den beiden Maskierten, sie der Polizei zu übergeben. Sie hätten sich an seine Tochter, die wahnsinnig sei, herangemacht. Schließlich leiht er Fridolin das gewünschte Kostüm: eine Kutte mit weißer Kordel, einen Pilgerhut sowie eine Maske. Beim

Hinausgehen bemerkt Fridolin, wie die kleine Pierrette den beiden jungen Herrn im Frack, die sich ihrer Kostüme als Femerichter entledigt haben und nur noch zu ihrem Frack eine rote Maske tragen, wehmütig zuwinkt. Ihm aber schenkt sie nur einen traurigen Blick und ein Kopfschütteln. Im Flur bietet Fridolin dem Vater seine Hilfe an, um dem wahnsinnigen Mädchen zu helfen. Er erntet jedoch nur ein höhnisches Lachen von Gibiser.

Der Ball

Wie verabredet trifft Fridolin vor dem Haus des Kostümverleihers auf die schwarze Kutsche und auf Nachtigall. Dieser hatte offensichtlich gehofft, dass Fridolin die Verabredung nicht einhalten könne. Als Fridolin die Parole „Dänemark" von Nachtigall erfährt, scheint ihm dies ein närrischer Zufall mit Blick auf den Urlaub im Sommer.

Die überraschende Parole „Dänemark"

Fridolin folgt in einer rasch angemieteten Kutsche der „Trauerkutsche", in der Nachtigall sitzt. Erneut steigt in ihm Angst auf, das Abenteuer könne „übel ausgehen" (35/16). Zugleich glaubt er noch den Geruch Pierrettes nach Rosen und Puder in der Nase zu spüren.

Kurz vor dem Ziel verkleidet sich Fridolin und fährt in sein Kostüm, so wie er in seinen Arztkittel schlüpft. Er versucht sich mit dem Gedanken an den kommenden Tag zu beruhigen, an dem er – wie gewohnt – als „hilfsbereiter Arzt" (36/5) seine Patienten besuchen wird. Hinter der Maskierung verbirgt sich keineswegs ein Casanova, sondern eher ein unsicherer, ängstlicher Mensch.

Fridolins Verkleidung

Als der Wagen anhält, überlegt Fridolin, ob er nicht doch besser zurückführe. Doch weder zu Pierrette oder zu Marianne noch zu der kleinen Dirne, auf keinen Fall zu seiner Frau sehnt er sich zurück. Obwohl er sich unwohl fühlt, redet er sich ein, dass er seinen Weg weiter gehen müsse und „wär's … [sein] Tod" (36/13 f.). Mit diesem scheinbar heroischen Gedanken betritt Fridolin das Haus, dessen Tore sich wie von selbst öffnen. In der Vorhalle wird er von zwei Dienern nach dem Kennwort gefragt. Man nimmt ihm den Pelzmantel ab und geleitet

Weigerung einer Rückkehr

Die geheimnisvolle Villa

ihn in einen schwach beleuchteten Saal, der zudem noch „ringsum von schwarzer Seide umhangen" (36/35) ist. Der Raum ist erfüllt von Harmoniumsklängen, denen sich später eine weibliche Stimme hinzugesellt, die „eine altitalienische geistliche Arie" singt. Der Maskenball findet in einem schwach beleuchteten Raum statt. Etwa 16 bis 20 Personen mit Masken und geistlicher Tracht sind anwesend. Ein Mönch streift – wie zufällig – seinen Arm und blickt ihn prüfend hinter seiner Maske an. Fridolin nimmt einen „fremdartige[n], schwüle[n] Wohlgeruch, wie von südländischen Gärten" (37/10 f.), wahr. Eine als Nonne verkleidete Frau, deren „blutrote[r] Mund" (37/34) ihm sofort auffällt, berührt seinen Arm.

Die Warnungen der schönen Unbekannten

Fridolin überlegt noch, ob er sich „[u]nter Irrsinnigen" (37/15 f.) befinde, ob es sich um eine Sekte handle oder ob Nachtigall ihn zu einem Scherz herbeigeordert habe, als er von einer unbekannten weiblichen Stimme gewarnt und aufgefordert wird, sich zu entfernen, damit ihm nichts geschehe. Nach kurzem Zögern, ob er der Warnung folgen solle, beschließt er zu bleiben, denn „die Neugier, die Lockung und vor allem sein Stolz" (37/29 f.) sind stärker als seine Bedenken. Als er sich nach der Stimme umdreht, erblickt er durch weiße Spitzen hindurch den blutroten Mund der Frau, die ihm schon zuvor aufgefallen ist. In einer Anwandlung von Heldenhaftigkeit beschließt er nun erst recht zu bleiben.

Die erste Warnung

Entschluss, der Warnung nicht zu folgen

In diesem Moment fällt ihm auf, dass die Nonnen verschwunden sind, dass gleichzeitig Nachtigall mit einem „wilden, aufreizenden Anschlag" (38/7 f.) Klavier spielt und dass sich die Seitentüren geöffnet haben. In dem hell erleuchteten gegenüberliegenden Raum erblickt Fridolin nun nackte Frauen, die nur mit dunklen Schleiern und schwarzen Masken bekleidete sind. Voller Begierde betrachten Fridolin und die anderen männlichen Anwesenden die Frauen. Wie auf einer Bühne sind diese in gleißendes Licht getaucht, während die Männer im Dunkel stehen. Plötzlich werfen die Männer ihre

Eröffnung des Tanzes

Mönchskutten ab. In „festlichen weißen, gelben, blauen, roten Kavalierstrachten" (38/26 f.) stürzen sie sich auf die Frauen und beginnen, mit ihnen zu tanzen.

Geheimnisvolle Regeln des Balls

Fridolin, der als Einziger noch als Mönch gekleidet ist, zieht sich angstvoll in den äußersten Winkel des Raums zurück. Dort wird er von einer „knabenhaft und schlank gewachsen[en]" (39/5) jungen Frau zum Tanz aufgefordert.

Die zweite Warnung

Doch in diesem Moment erscheint seine „Warnerin" (39/9) erneut und trennt das junge Mädchen von Fridolin. Noch einmal warnt ihn die Unbekannte eindringlich, den Ball zu verlassen, bevor man ihn entdeckt. Doch Fridolin weigert sich. Er vermutet, dass alles darauf angelegt sei, dass sich die Paare in kleine Nebengemächer zurückzögen, um dort Liebesabenteuer zu genießen. Als die Unbekannte dies zurückweist, bittet Fridolin sie, mit ihm zu gehen. Nachdrücklich weist die Frau darauf hin, dass keiner den Ball verlassen dürfe, dass auch niemand den Besuchern folgen dürfe, oder beide verlören ihr Leben.

Fridolins rauschhafter Zustand

Fridolin ist berauscht und erregt von der Atmosphäre, dem Körper und den Lippen der Frau, den „wollüstigen Geheimnissen" (40/30) des Balls, aber auch von sich selbst und seinem neuen Selbstbewusstsein. In diesem rauschhaften Zustand versucht er das Geheimnis der unbekannten Frau zu lösen, indem er ihren Schleier zu lüften sucht. Doch die Frau warnt ihn dringlich und erzählt, dass ein Mann bei einem Ball einer Frau den Schleier vom Gesicht gezogen hat.

Tödliche Strafe für Demaskierung

Ihm wurde daraufhin gleichfalls die Maske heruntergerissen, und er wurde ausgepeitscht. Das junge Mädchen aber habe sich vergiftet. Damit wird für den Leser eine Verbindung zu der jungen Frau hergestellt, von deren Selbstmord Fridolin in der Zeitung gelesen hat.

Bevor Fridolin darauf antworten kann, wird die Unbekannte von dem vornehmsten der anwesenden Männer, dem einzigen, der eine weiße Tracht trägt, zum Tanz aufgefordert und in den Nebensaal entführt. In diesem Augenblick fühlt sich Fridolin verlassen und von Kälte umgeben. Er überlegt, ob er sich zurückziehen soll. Aber die „Scheu vor einem ruhmlosen und etwas lächerlichen Rückzug, das ungestillte, quälende Verlangen nach dem wundersamen Frauenleib" (41/21 ff.) hält ihn zurück. Noch immer glaubt er, dass er die unbekannte Schöne für sich gewinnen könne. Vielleicht, so überlegt er, sei sie sogar der Preis für eine Mutprobe, die er zu bestehen habe.

Fridolins Scheu vor Versagen

Die Vertreibung Fridolins

Fridolin entschließt sich, „sich selbst als Eindringling zu bekennen und sich [...] in ritterlicher Weise zur Verfügung zu stellen." (41/32 f.) Er verklärt dabei seinen Entschluss als einen „edeln Akkord" (41/34), der das geheimnisvolle Treiben beschließen soll. Doch bevor er sich stellen kann, wird er von einem schwarz Gekleideten nach dem Kennwort gefragt. Als Fridolin das Kennwort „Dänemark" nennt, verlangt man von ihm – „messerscharf" (42/11) – die Parole des Hauses. Doch Fridolin muss bekennen, dass er diese nicht kennt, und er behauptet, sie vergessen zu haben. Plötzlich findet sich Fridolin umringt von den maskierten Männern. Sie fordern, dass man ihn demaskieren solle.

Fridolins Vorsatz, sich zu stellen

Die fehlende Parole des Hauses

Als einer der Männer ihm die Maske herunterreißen will, tritt aus dem Nebenraum eine Frau in Nonnentracht, die bereit ist, „ihn auszulösen." (43/11) Es ist jene Frau, die Fridolin zuvor mehrfach gewarnt hat. Die Frage, ob sie wisse, was sie damit auf sich nehme, bejaht sie. Damit ist Fridolin frei. Er wird nachdrücklich darauf hingewiesen, dass jede weitere Nachforschung nach den „Geheimnissen [...], in deren Vorhof [er] sich eingeschlichen" (43/19 f.) habe, sein Schicksal besiegle.

Verhinderte Demaskierung – das Opfer

Auch als Fridolin bereit ist, jede Strafe auf sich zu nehmen, um die Frau zu retten, wird ihm verdeutlicht, dass dies sinnlos sei. Selbst sein Zugeständnis, die Maske abzunehmen, würde ihn, so die Unbekannte, „verderben, ohne [die Frau] zu retten." (44/10 f.) Mit diesen Worten lässt diese ihre Kleidung und ihren Schleier fallen und übergibt sich allen Männern mit den Worten: „Hier bin ich, hier habt ihr mich – alle!" (44/11 f.)

Opfermut der schönen Unbekannten

Der letzte Blick auf die Unbekannte

Fridolin sinkt zu Boden und sieht nur noch ihr dunkles Haar über „Schultern, Brust und Lenden" (44/17 f.) ‚stürzen'. Doch bevor er das Gesicht der Unbekannten erkennen kann, wird er von starken Armen hochgerissen und zum Ausgang gedrängt. „Wie von einer unsichtbaren Gewalt fortgetrieben" (44/23 f.), findet er sich auf der Straße wieder, hinter sich das völlig dunkle Haus. Vor dem Haus fährt eine Kutsche vor, und der Kutscher zwingt ihn mit einer Handbewegung, die keinen Widerspruch duldet, einzusteigen.

Rückfahrt Fridolins und Gedanken an die unbekannte Retterin

Während der Fahrt durch die Nacht denkt Fridolin über das Erlebte, vor allem aber über seine Retterin nach. Er ist entschlossen, sie wiederzufinden, obgleich er vermutet, dass die Frauen auf dem Ball allesamt Dirnen gewesen seien, selbst wenn sie sonst ein bürgerliches Leben führten. Dennoch regt die Unbekannte seine Phantasie an, und er sieht in „ihrer Stimme, in ihrer Haltung, in dem königlichen Adel ihres unverhüllten Leibes" (45/28 f.) das Besondere. Er kommt dabei auf den Gedanken, dass möglicherweise von ihm selbst „ein seltsamer, unwiderstehlicher Zauber" (45/35) ausgegangen sei, der diese Frau auf wunderbare Weise verwandelt habe. Und er fragt sich, ob die Fahrt mit der Kutsche vielleicht eine Fortsetzung des Balls sei: „Lohn nach rühmlich bestandener Probe, Aufnahme in die geheime Gesellschaft? Ungestörter Besitz der herrlichen Nonne –?" (46/8 f.)

Dann allerdings bemerkt Fridolin, dass die Fenster undurchsichtig sind, dass die Türen sich nicht von innen öffnen lassen und sein Rufen ungehört bleibt, weil eine Scheibe ihn vom Kutscher trennt. Angst überkommt ihn. Als er fast in Panik ein Fenster zertrümmern will, hält die Kutsche auf freiem Feld an. Die Türen öffnen sich automatisch, und Fridolin steht im Schnee. Noch immer trägt er sein Kostüm unter dem Pelz und den Pilgergut auf dem Kopf. Es sieht in seinem Aufzug so unheimlich aus, dass ein entgegenkommender Mann, den Fridolin schon als Angreifer erkannt zu haben glaubt, vor ihm flieht.

Nächtlicher Rückweg zu Fuß

Auf dem Weg durch die Vorstadt denkt er daran, was jetzt auf dem Ball geschehen mochte. Bei diesen Überlegungen überkommt ihn ein unerträgliches Gefühl widersprüchlicher Empfindungen: „Grimm, Verzweiflung, Beschämung und Angst“ (47/22) erfüllen ihn, dennoch will er die schöne Unbekannte wiederfinden. Jetzt erst denkt er an Albertine. Er glaubt, Albertine erst dann wieder erobern und lieben zu können, wenn er sie mit allen Frauen, denen er in dieser Nacht begegnet ist, betrogen hat. Er überlegt, ob er nicht sogar den Studenten, der ihn angerempelt hat, wiederfinden und zum Duell fordern sollte. Bei dem Gedanken an seinen Opfermut überkommt ihn plötzlich panische Angst, schon „den Keim einer Todeskrankheit im Leibe“ (48/8 f.) zu tragen, weil ihn das diphtheriekranke Kind angehustet hat. Die Ereignisse der Nacht erscheinen ihm so überspannt, dass er überlegt, ob er nicht vielleicht zu Hause im Bett liege, die Erlebnisse nichts anderes als Fieberphantasien seien. Er fühlt seinen Puls und stellt fest, dass ihm nichts fehlt. Erst bei dem Gedanken, in wenigen Stunden wieder als Arzt tätig zu sein, beruhigt sich Fridolin.

Verzweifelte Gedanken

Angst vor einer tödlichen Erkrankung

Kapitel 5 – Albertines Traum (S. 49–56)

Nahezu eine Stunde hat sein Weg zurück gedauert. Gegen 4 Uhr betritt Fridolin die Wohnung. Nachdem er die Mönchskutte versteckt hat, begibt er sich in das Schlafzimmer und findet Albertine schlafend vor. Als er sich über seine Frau beugt, verzerrt sich ihre Miene und sie lacht so grell auf, dass Fridolin zurückschreckt. Auch als Albertine die Augen aufschlägt, erkennt sie ihn zunächst nicht. Sie starrt „wie durch ihn hindurch ins Leere“ (49/32).

Rückkehr nach Hause

Albertines erschrecktes Erwachen

Dann erfährt Fridolin, dass er seine Frau aus einem Traum geweckt hat. Fridolin möchte, dass Albertine ihm diesen Traum erzählt, doch sie weicht aus. Als sie schlaflos nebeneinander liegen, kommt es ihm vor, als seien sie voneinander wie durch ein Schwert getrennt. Als Fridolin sie erneut auffordert, den Traum zu erzählen, beginnt Albertine bereitwillig, als habe sie auf diesen Moment gewartet.

Albertines Traum

Der Traum beginnt in jener kleinen Villa am Wörthersee, die Albertine zu Beginn der Novelle erwähnt hat: Ihre Eltern sind verreist, obgleich am folgenden Tag die Hochzeit stattfinden soll. Auf der Suche nach dem Brautkleid entdeckt sie in einem Schrank kostümartige „opernhaft[e], prächtig[e], orientalisch[e]“ (51/3) Kleider, die den Leser an Gibisers Kostümverleih erinnern. Plötzlich erscheint Fridolin in kostbarer Kleidung, herbeigerudert von Galeerensklaven. Der märchenhafte Anfang der Novelle wird wieder aufgenommen. Auch Albertine ist wie eine Prinzessin gekleidet, Fridolin hebt sie aus dem Fenster und beide schweben und fliegen durch die Nacht. Dann wieder wandern sie auf einem Gebirgspfad, bis sie zu einer Lichtung gelangen. Über ihnen spannt sich der Himmel als „Decke [ihres] Brautgemachs“ (51/24). Beide lieben sich, aber in ihre Zärtlichkeiten mischt sich eine schwermütige „Ahnung von vorbestimmtem Leid“ (51/30 f.).

Die Brautkleider

Die Hochzeitsnacht

Als sie nach dieser Hochzeitsnacht zurückkehren wollen, entdecken sie, dass ihre Kleider verschwunden sind. „Entsetzen ohnegleichen […], brennende Scham“ (51/36 f.) überkommt Albertine, zugleich aber auch Wut auf Fridolin, den sie für schuldig an dem Verlust hält. Fridolin, der sich tatsächlich sofort schuldig fühlt, eilt nackt davon, um Kleidung zu besorgen.

Verlust der Kleidung – Scham und Wut

Nachdem er davongestürzt ist, ist Albertine unbeschwert, sie singt und läuft unbekümmert über die Wiese. Als sie sich im Sonnenlicht auf der Wiese ausstreckt, erscheint ein junger Mann, der wie jener Däne aussieht, von dem Albertine am Tag zuvor erzählt hat. Er grüßt Albertine höflich und bleibt vor einer Felswand stehen. Im gleichen Augenblick sieht sie Fridolin, der in der Ferne durch die Stadt eilt, um für sie die schönsten Kleider, Schuhe und Schmuck in der im Tal liegenden Stadt zu kaufen. Zugleich sieht sie aber auch, dass Fridolin von einer bedrohlichen Menschenmenge verfolgt wird.

Erinnerungen an den Dänen

Fridolins Verfolgung in der Stadt

Wieder und wieder erscheint der Mann, den sie zuvor an der Felswand gesehen hat. Er kommt aus einem Wald, geht grüßend an ihr vorbei und bleibt vor der Felswand stehen. Albertine aber weiß, dass er zwischenzeitlich mehrfach „um die ganze Welt gewandert" (52/35) ist. Dann aber bleibt er plötzlich vor Albertine stehen, die ihn verlockend anlacht. Als er die Arme nach ihr ausstreckt, versucht sie zu fliehen, doch der Mann sinkt zu ihr auf die Wiese.

Albertines Liebeserlebnis mit dem Unbekannten

Außerhalb von Raum und Zeit verändert sich die Landschaft zu einer „unendlich weithin gedehnte[n], blumenbunte[n] Fläche, die sich nach allen Seiten in den Horizont" (53/17 ff.) verliert. Nun ist Albertine von vielen Männern umgeben, und sie weiß nicht mehr, wie vielen sie sich hingegeben hat. Gleichzeitig aber sieht sie Fridolin, wie er gefangen und gefesselt wird. Ohne „Mitleid, ohne Schauer, ganz von fern" (53/32 f.) ist ihr klar, dass man Fridolin hinrichten will.

Fridolins Gefangennahme

Nackt und gefesselt steht er im Burghof, als „eine junge Frau mit einem Diadem auf dem Haupt und im Purpurmantel" (54/3 f.), die Fürstin, ihn zu sich winkt. Albertine weiß, dass sie Fridolin begnadigen möchte. Die Fürstin fragt, ob er bereit sei, ihr Geliebter zu werden, dann sei er begnadigt, doch Fridolin lehnt ab. Nach einem Zeichen der Fürstin wird Fridolin in einem Kellerraum so ausgepeitscht, dass Ströme von Blut fließen. Wieder tritt die Fürstin auf, nackt, ihr Diadem mit beiden Händen Fridolin entgegenhaltend, und Albertine weiß, ohne dass die Fürstin dies sagt, dass sie Fridolin zu ihrem Gatten machen möchte. Zugleich erkennt Albertine in der Fürstin jenes junge Mädchen, dem Fridolin morgens am dänischen Strand begegnet ist. Als Fridolin erneut das unausgesprochene Ansinnen der Fürstin ablehnt, verschwindet diese.

Die „Fürstin" und Fridolin

Strafe für die Zurückweisung

Albertine sieht, wie man nun ein Kreuz für ihn auf jener Wiese errichtet, auf der sie – inmitten vieler Liebespaare – „in den Armen eines Geliebten" (55/1) ruht. Sie beobachtet „ohne jedes Mitgefühl" (55/6), wie Fridolin sich einsam der Wiese nähert. Sein Körper ist voller

Fridolins „Verurteilung" zum Tod am Kreuz

Striemen. Als er „in einer ungeheuern, unbegreiflichen Ferne" (55/9) am Rand der Wiese steht, grüßt er sie mit den Augen und lächelt, als wolle er sagen, dass er all ihre Wünsche nach Kleidung und Schmuck erfüllt habe. Albertine aber verspottet und verlacht ihn, da für sie sein „Gebaren über alle Maßen töricht und sinnlos" (55/13) ist. Sie will ihrem Mann entgegengehen, doch überraschend schweben beide. Sie fliegen aneinander vorbei, und Albertine möchte, dass Fridolin wenigstens noch ihr Lachen hört, während er gekreuzigt wird. Es war jenes Lachen, vor dem Fridolin beim Erwachen seiner Frau zurückgeschreckt ist.

Albertines Verspottung Fridolins

Während Albertine diesen Traum erzählt, kommen Fridolin die eigenen Erlebnisse in der vergangenen Nacht lächerlich und unbedeutend vor. Er nimmt sich vor, die Begegnungen mit den Frauen zu vollenden und dann seine Erlebnisse Albertine zu erzählen. Es soll seine Vergeltung dafür sein, dass sie sich im Traum als „treulos, grausam und verräterisch" (55/32 f.) gezeigt hat. Er glaubt sie nun abgrundtief zu hassen, zugleich aber hält er liebevoll ihre Hand. Beim Betrachten ihres lächelnden Gesichts unterdrückt er den Drang, Albertine auf die Stirn zu küssen. Zugleich kommt es ihm vor, als seien sie beide wie „Todfeinde" (56/22).

Fridolins Zerrissenheit

Kapitel 6 – Der Rachefeldzug Fridolins (S. 57–79)

Fridolins Plan der Wiederbegegnung

Morgens um 7 Uhr verlässt Fridolin das Haus wie gewohnt, doch er folgt einem Plan, den er „mit einiger Pedanterie entworfen" (57/12) hat. Es ist eine Art Rachefeldzug, mit dem er Albertine im Innersten treffen will.

Nachtigalls Verschwinden

Nachdem er einen Patienten behandelt hat, besorgt er sich die Adresse von Nachtigall und sucht dessen armseliges Hotel auf. Hier erfährt er, dass Nachtigall in der Nacht um 5 Uhr in Begleitung von zwei Männern angekommen, dann mit diesen zum Nordbahnhof gefahren sei. Er habe einen sehr aufgeregten Eindruck gemacht und vergeblich versucht, einen Brief abzugeben.

Der nächste Besuch gilt dem Kostümverleih. Nachdem Fridolin sein Kostüm abgegeben und bezahlt hat, erkundigt er sich nach der Tochter und rät Gibiser, ärztliche Hilfe für sie anzunehmen. Doch er muss erkennen, dass der Vater das junge Mädchen offenbar einem der Männer, die er in der vergangenen Nacht hier getroffen hat, käuflich angeboten hat. Sogar ihm macht der Vater ein zweideutiges Angebot.

Gibisers zweideutiges Angebot

Fridolin unterbricht seine weiteren Besuche, um die Poliklinik aufzusuchen. Bevor er seine ärztliche Tätigkeit aufnimmt, telefoniert er nach Hause. Albertines Stimme beruhigt ihn, obgleich er glaubt, „[i]n der Tiefe seiner Seele […] doch fertig mit ihr" (60/4) zu sein. Seine Krankenvisite führt er wie gewöhnlich durch. Als ihn ein junges Mädchen anlächelt, das bei einer Untersuchung „ihre Brüste so zutraulich an seine Wange gepresst" (61/2 f.) hat, reagiert er unfreundlich. Allmählich steigt in ihm wieder Wut gegen Frauen auf. Sie seien alle gleich, auch Albertine, ja sie sei sogar die „Schlimmste von allen" (61/6).

Fridolin lässt sich im weiteren Verlauf des Tages vertreten und macht sich mit einer Kutsche auf den Weg zu der geheimnisvollen Villa. Ihn überkommt auf der Fahrt „eine schmerzlich-sehnsüchtige Erregung" (61/20 f.), zugleich aber fragt er sich, was er eigentlich machen wolle, wenn er das Haus gefunden haben sollte. Eine Anzeige, so meint er, könnte der Frau, die sich für ihn geopfert hat, Schwierigkeiten bereiten. Er stellt Überlegungen an, aus welchen Kreisen die geheime Gesellschaft stammen könnte. Die Männer seien möglicherweise aus höheren Kreisen, die Frauen dagegen vermutlich „aus Freudenhäusern zusammengetrieben" (61/35), selbst wenn dies nicht stimme, seien sie „ausgesuchte Ware" (62/1). Wieder versucht er, das Erlebnis der vergangenen Nacht zu verharmlosen, die tödliche Gefahr, in der sich die Unbekannte möglicherweise befindet, zu negieren. Das Ganze scheint ihm – nun bei Tag betrachtet – eine „Komödie" (63/4) gewesen zu sein, bei der er nach seiner Ansicht eine standesgemäße, gute Haltung bewahrt habe.

Suche nach der geheimnisvollen Villa

Überlegung zu der geheimen Gesellschaft

Als er sich der Villa nähert, schickt er die Kutsche zurück und geht zu Fuß durch eine stille Gasse zu der Villa, die ihm nun eher bescheiden vorkommt. Bevor er klingeln kann, tritt ein Diener aus dem Haus, der ihm wortlos einen Briefumschlag, auf dem sein Name steht, durch das Gitter überreicht. In dem Brief wird er aufgefordert, seine Nachforschung aufzugeben und den Brief als zweite Warnung aufzufassen.

Erneute Warnung

In merkwürdig erleichterter Stimmung, die er zugleich als „trügerisch" (63/36) empfindet, begibt er sich zum Mittagessen nach Hause. Beim Anblick seiner Frau verspürt er nun keinerlei Hass mehr, obgleich er nicht vergessen hat, dass sie ihn in ihrem Traum „ruhig ans Kreuz" (64/2) hat schlagen lassen. Trotz seiner guten Laune ist ihm jedoch Albertines fast mütterliche Berührung peinlich, mit der sie ihm über die Haare streicht

Durch seine ärztliche Sprechstunde wird er abgelenkt und erst, als er wieder das Haus verlässt, glaubt er zu erkennen, „dass all diese Ordnung, all dies Gleichmaß, all diese Sicherheit seines Daseins nur Schein und Lüge" (64/34 ff.) bedeutet.

Ordnung nur „Schein und Lüge"

Noch einmal kehrt er in die Klinik zurück, um Krankenbesuche zu machen, bevor er sich zu dem Haus begibt, in dem Marianne wohnt. Hier, so redet er sich ein, werde er kein Hindernis vorfinden. Der Betrug am künftigen Ehemann stellt für ihn sogar einen besonderen Reiz dar. Endlich könne er „eine Art von Doppelleben führen, zugleich der tüchtige, verlässliche, zukunftsreiche Arzt, der brave Gatte und Familienvater sein – und zugleich ein Wüstling, ein Verführer, ein Zyniker" (65/15 ff.). In seiner Phantasie stellt er sich vor, wie er Albertine seine Fehltritte erzählt und ihre Sicherheit „eines ruhigen Ehe- und Familienlebens" (65/22) zerstört, als Bestrafung für das, womit sie ihn im Traum gekränkt hat.

Idee eines Doppellebens

Im Hausflur begegnet ihm Mariannes Verlobter, der ihm mitteilt, dass Marianne am folgenden Tag abreisen werde. Als dieser gegangen ist, sucht Fridolin Marianne auf. Doch schon seine erste Antwort auf Mariannes lächelnd vorgetragenen leichten Vorwurf, dass er sie lange

Erneuter Besuch bei Marianne

habe warten lassen, beweist seine Unsicherheit. Sein völliges Versagen wird deutlich, als er der weinenden Marianne sachlich und ernsthaft erläutert, warum es klug sei, aufs Land zu ziehen. Ihm wird sogar unwohl bei dem Gedanken, dass Marianne ihm wie am Tag zuvor ihre Liebe gestehen könnte. Steif und gezwungen gratuliert er ihr zu der bevorstehenden Hochzeit. Wie versteinert bleibt Marianne zurück, als Fridolin mit dem Gefühl, sich lächerlich verhalten zu haben, das Haus verlässt.

Verunsichert und niedergedrückt überkommt ihn ein Gefühl, als sei alles, sein Beruf, seine Familie, er selbst unwirklich. Ihn überfällt der Gedanke, irgendwohin zu fahren, zu verschwinden. Wie im Traum gerät er bei diesen Überlegungen in die Gasse, in der er einen Tag zuvor der jungen Prostituierten ins Haus gefolgt ist. Voll Rührung erinnert er sich an die junge Frau, die für ihn nun von allen Frauen die „Anmutigste, ja, geradezu das Reinste gewesen“ (68/25 f.) sei. Er kauft etwas Essbares für sie und mit diesem kleinen Paket betritt er das Haus. Er bestätigt sich selbst, dass sein Verhalten „als eine zum mindesten vernünftige, vielleicht sogar lobenswerte Handlung“ (68/31 f.) gesehen werden könnte. Als man ihm mitteilt, dass das Mädchen nicht im Haus ist, fühlt er sich erleichtert. Doch bevor er gehen kann, tritt ein „junges, nicht unhübsches“ (69/1), leicht bekleidetes Mädchen an ihn heran. Er erfährt, dass die von ihm Gesuchte im Krankenhaus ist und eine Geschlechtskrankheit auskuriert. Die eindeutigen Annäherungen der jungen Prostituierten weist Fridolin zurück und kommt sich dabei albern vor wie ein Schüler.

Fluchtgedanken

Die Krankheit der jungen Prostituierten

Er nimmt diese Begegnung als Zeichen dafür, dass ihm alles misslingt. Noch immer aber ist er nicht bereit, nach Hause zu gehen, zu sehr fühlt er sich durch Albertines „Verrat“ verletzt. Stattdessen setzt er sich in ein Café und vertieft sich in ein Abendblatt. Als er liest, dass eine „auffallend hübsche Dame“ (70/37), eine Baronin D., in der vergangenen Nacht mit schweren Vergiftungen in einem Hotel aufgefunden worden ist, überkommen ihn

Die vergiftete Baronin D.

sonderbare Ahnungen. Der Umstand, dass sie um 4 Uhr in Begleitung zweier Männer heimgekehrt ist, ist für Fridolin der Beweis, dass es sich um die Frau handelt, die sich für ihn geopfert hat. Er ist fest entschlossen, das Geheimnis um seine Retterin zu lüften. Tatsächlich kann Fridolin das Hotel ausfindig machen, in dem die Frau gewohnt hat. Er erfährt hier, dass sie unter einem falschen Namen abgestiegen ist. Ihren Selbstmordversuch habe man entdeckt, nachdem zwei Herren vormittags um 11 Uhr nach ihr gefragt und sie telefonisch nicht erreichbar gewesen sei. Man nennt Fridolin auch das Krankenhaus, in das sie eingeliefert worden ist. Hier jedoch muss Fridolin zur Kenntnis nehmen, dass die Gesuchte nachmittags um 5 Uhr gestorben ist.

Der Tod der unbekannten Retterin

Natürlich weiß Fridolin als Arzt, wo die Tote aufgebahrt ist, aber er wird sie nicht wiedererkennen, weil er ihr Gesicht nicht gesehen hat. Bei diesen Überlegungen wird ihm bewusst, dass er das Gesicht der Selbstmörderin durch Albertines Gesicht ersetzt hat, dass ihm „ununterbrochen seine Gattin als die Frau vor Augen geschwebt war, die er suchte.“ (73/32 f.)

Besuch in der Pathologie

Er ringt sich durch, die Pathologie aufzusuchen, und hofft, dass das, woran er sich erinnern kann, die Augen, die Haare und die Figur der Toten, ihm helfen könnten, sie als die Frau zu identifizieren, die ihn gerettet hat. In der Pathologie trifft er auf einen alten Studienkollegen, Doktor Adler. Dieser glaubt zunächst, Fridolin sei wegen seiner verstorbenen Patienten gekommen und wolle deren Todesursache erfahren. Dann aber erfährt er, dass Fridolin sich für die tote Baronin interessiert, weil er sich vergewissern will, ob „diese angebliche Baronin Dubieski eine Person ist, die [er] vor Jahren flüchtig gekannt habe.“ (75/16 f.) Als Dr. Adler erwähnt, dass man noch keine gerichtliche Untersuchung angeordnet hat, sieht Fridolin sich mit Schrecken möglicherweise in diesen Fall als Zeuge hineingezogen.

Im Seziersaal

Er geht mit Dr. Adler in den Seziersaal. Der Raum ist nur schwach beleuchtet. Mehrere Tote liegen auf den Leichentischen, doch Fridolin entdeckt rasch eine tote

Frau, zu der er sich hingezogen fühlt. Ihm fällt ihr langes dunkles Haar auf, das Gesicht jedoch, das Dr. Adler mit einer Lampe beleuchtet, bleibt nichtssagend und alterslos. Auch ihr Körper, den Dr. Adler mit seiner Lampe anleuchtet, ist für ihn nun nichts mehr als ein Leichnam, der schon die Verwesung in sich trägt. Als die Lampe jedoch noch einmal auf dem Gesicht der Frau verweilt, überkommt Fridolin ein unwiderstehliches Gefühl, die Tote zu berühren. Er schlingt seine Finger „wie zu einem Liebesspiel in die der Toten“ (77/24), bis er durch Dr. Adlers Frage, was er denn da treibe, aus seiner Benommenheit gerissen wird. Die Frage von Dr. Adler, ob dies die gesuchte Frau sei, bejaht Fridolin. Er ist sich „kaum bewusst, dass diese Bejahung möglicherweise eine Unwahrheit bedeutete“ (79/2 f.).

Die Tote

Doch er weiß, dass die Begegnung mit der Toten, ob es die Begehrte der letzten Nacht gewesen ist oder nicht, das Ende der Ereignisse der letzten Nacht ist. Die Frau „ein Schatten unter andern Schatten, dunkel, sinn- und geheimnislos“ bedeutet ihm nichts anderes mehr als „zu unwiderruflicher Verwesung bestimmt“ (79/14).

Kapitel 7 – Der mehrdeutige Schluss (S. 80 f.)

Fridolin eilt nach Hause, entkleidet sich verstohlen in seinem Behandlungszimmer und schleicht sich in das Schlafzimmer. Als er Albertines ruhigen Atem hört und die Umrisse ihres Kopfes erkennt, überkommt ihn ein „Gefühl von Zärtlichkeit, ja, von Geborgenheit, wie er es nicht erwartet“ (80/7 f.) hat. Aus diesem Gefühl heraus nimmt er sich vor, Albertine seine nächtlichen Abenteuer zu schildern. Zunächst jedoch will er diese nur als Traumerlebnis erzählen und erst dann, wenn Albertine “die ganze Nichtigkeit seiner Abenteuer […] erkannt“ (80/11 f.) haben würde, wollte er sie mit der Wirklichkeit konfrontieren. Während er noch den Begriff „Wirklichkeit“ reflektiert, erkennt er zu seinem Erschrecken, dass unmittelbar neben dem Kopf von Albertine die Maske liegt, die er in der vergangenen Nacht getragen hat.

Rückkehr nach Hause

Die verräterische Maske

Offenbar hat er sie am Morgen verloren. Fridolin weiß genau, dass Albertine „mancherlei" (80/23) ahnt, vielleicht sogar „Schlimmeres, als sich tatsächlich ereignet" (80/24) hat. Aber die fast „scherzhafte [...] Art", in der Albertine die Maske neben sich auf das Kopfkissen Fridolins gelegt hat, lässt diesen hoffen, dass Albertine, „was auch geschehen sein mochte" (80/31), zum Verzeihen bereit ist. Trotz dieser Selbstberuhigung bricht Fridolin innerlich zusammen. Er lässt die Maske fallen, sinkt auf die Knie und weint. Als Albertine ihm über die Haare streicht, ist er bereit, ihr alles zu erzählen.

Das Geständnis

Mit keiner Frage unterbricht Albertine Fridolins Geständnis, sondern hört ihm mit großer Ruhe zu. Sie weiß, dass er nichts verschweigen wird. Nach einem langen Schweigen wendet sich Fridolin zweifelnd an Albertine und fragt: „Was sollen wir tun, Albertine?" Ihre Antwort bezieht Traum und Wirklichkeit beider Partner ein, denn sie erwidert, dass beide dem „Schicksal dankbar sein" sollten, aus „allen Abenteuern heil davongekommen" (81/17 ff.) zu sein, „aus den wirklichen und aus den geträumten" (ebd.)
Letztlich, so beendet Fridolin das Gespräch, sei „kein Traum [...] völlig Traum" (81/25). Mit einer liebevollen Geste nimmt Albertine Fridolins Kopf in ihre Hände und erklärt: „Nun sind wir wohl erwacht [...] für lange." (81/27) Fridolin möchte diese Aussage noch vertiefen und hinzufügen, „[f]ür immer" (81/28), doch Albertine lässt ihn nicht zu Wort kommen, sondern beendet den Dialog mit der Aufforderung: „Niemals in die Zukunft fragen." (81/30) Obgleich nun ein neuer Tag mit Sonnenschein und hellem Kinderlachen beginnt, als sei der Spuk der Nacht verschwunden, bleibt die Zukunft, so wie Albertine sie sieht, unwägbar.

2. Strukturmerkmale

2.1 Aufbau

Zunächst hatte Schnitzler seiner Novelle den Titel *Doppelnovelle* gegeben, um sie später in *Traumnovelle* umzubenennen, wie etwa eine Tagebucheintragung vom 25. Oktober 1924 bezeugt. Dabei blieb jedoch die grundlegende Doppelstruktur der Novelle erhalten: in der Grundidee von Traum und Wirklichkeit, in der Parallelität der Handlungsstränge sowie in der Polarität von Nacht- und Tageswelt.

Doppelstruktur der Novelle

Die Novelle beginnt mit einer doppelten Exposition: Zunächst versetzt der Ausschnitt eines Märchens aus *Tausendundeine Nacht*, den die Tochter von Albertine und Fridolin vorliest, den Leser in eine melancholische, märchenhafte Stimmung, die übergeht in die Geborgenheit des Kindes in einer harmonischen Familiensituation. Dann aber wird der Leser durch die Gespräche des Ehepaares über die vergangene Ballnacht in eine Wirklichkeit voll erotischer Spannung versetzt.

Doppelte Exposition

Albertine und Fridolin sind bei einem Maskenball jeweils geheimnisvollen Unbekannten begegnet, die in ihnen geheime Wünsche angeregt haben und die sich beide am kommenden Tag eingestehen. Beide suchen darauf nach Erlebnissen in der Vergangenheit, die vielleicht für ihre unausgesprochenen Wünsche stehen könnten und deren „aufrichtige Beichte sie vielleicht von einer Spannung und einem Misstrauen" (5/17 f.) befreiten. Sie bekennen sich schließlich zu Begegnungen während ihres Strandurlaubs in Dänemark und gestehen, dass diese ihre unterschwelligen und uneingestandenen Gefühle angeregt hätten, jedoch aufgrund äußerer Ereignisse (Abreise des jungen Mannes, Ende des Urlaubs) unerfüllt geblieben seien.

Doppelte Bekenntnisse

Fridolins Weg in die nächtliche Welt führt im 2. Kapitel zur Begegnung mit Marianne und mit Mizzi sowie mit Pierrette im 3. Kapitel. Den Höhe- und Wendepunkt erreicht die Novelle im 4. Kapitel, dem ausschweifenden

Ballgeschehen, das im krassen Gegensatz zu der langweiligen Ballnacht steht, die den Ausgangspunkt der Novelle bildet. Die Parallelität von Traum und Wirklichkeit und die Doppelung der Handlungsstränge werden besonders deutlich erkennbar im Mittelteil der Novelle, in den zentralen Kapiteln 4 und 5, die fast die Hälfte der Novelle umfassen. Das 4. Kapitel schildert Nachtigalls Erzählungen von geheimen Orgien, Fridolins Zusammentreffen mit Gibiser und dessen Tochter und seinen Eintritt in die geheimnisvolle Welt des Maskenballs. Das 5. Kapitel, das ebenfalls zum Höhe- und Wendepunkt zu zählen ist, gibt Albertines Erzählung ihres beunruhigenden Traumes von sexueller Erfüllung mit Fridolin und einem Unbekannten, der Bestrafung Fridolins und der Trennung von ihm wieder.

Höhe- und Wendepunkt – Ball und Traum

Das 6. Kapitel steht in enger Korrespondenz zu den Kapiteln 2 und 3, und beinhaltet die desillusionierende Wiederbegegnung mit Mizzi, Marianne, Pierrette.

Das 7. Kapitel knüpft mit der Gestalt der Tochter an dem Anfang an und gibt damit der Novelle eine sehr eigene Kreisstruktur zwischen orientalisch Märchenhaftem und der Klarheit eines neuen Tages.

Kreisstruktur

Schließlich wird durch Fridolins Aussage, „[k]ein Traum [...] ist völlig Traum“ (81/24), das Grundkonzept der Novelle aufgedeckt, denn auch die Wirklichkeit entbehrt nicht des Traumhaften. So sagt schließlich Albertine beruhigend, beide sollten „[d]em Schicksal dankbar sein [...], dass [sie] aus allen Abenteuern heil davongekommen sind – aus den wirklichen und aus den geträumten.“ (81/17 ff.)

Die Doppelstruktur der Novelle ist also Abbild der Idee, dass sich die Wirklichkeit im Traum spiegelt und das Traumhafte die Wirklichkeit durchdringt. (Zu weiteren Merkmalen einer Novelle vgl. S. 25 f. der vorliegenden Lektürehilfe.)

2.2 Strukturskizze

1. Kapitel	Märchenhafter Einstieg Familienidylle	
	Rückblick auf den Ball	
Exposition	Fridolin Dominos	Albertine melancholischer Fremder
	Urlaubserlebnisse in Dänemark	
	Fridolin junges Mädchen am Strand	Albertine junger Mann erste Begegnung mit Fridolin
2./3. Kapitel **Ansteigende Handlung**	**Beginn der Abenteuer** Fridolins Begegnungen mit Marianne, Mizzi, den Studenten	
4./5. Kapitel **Höhepunkt und Wendepunkt**	**Fridolins Begegnungen** • mit Nachtigall, Gibiser, Pierrette, Femerichtern • das Fest in der Villa: die schöne Unbekannte • Rettung und Heimweg	
		Albertines Traum • Hochzeitsvorbereitungen • Liebesabenteuer • Fridolins Versuchung und Bestrafung am Kreuz
6. Kapitel **Fallende Handlung**	**Enttäuschende Wiederbegegnungen** • Fridolins Suche nach Nachtigall • Treffen mit Gibiser • Suche nach der geheimnisvollen Villa (zweite Warnung) • Besuch bei Marianne und Mizzi • die unbekannte Tote	
7. Kapitel **Lösung**	• Fridolins Heimkehr • die vergessene Maske und das Geständnis	

3. Freud und Schnitzler

Im Herbst 1879 beginnt Schnitzler sein Medizinstudium in Wien, promoviert 1885 zum Dr. med. und beschäftigt sich als Assistent seines Vaters an der Poliklinik schon früh mit Hypnose und Suggestion. Parallel zu seiner medizinischen Laufbahn schreibt Schnitzler seit etwa 1886 Dramen und Erzählungen und erhält 1895 einen Vertrag mit dem Fischer-Verlag. Damit beendet er seine Laufbahn als praktischer Arzt weitgehend.

Schnitzler und die Psychoanalyse

Sehr genau verfolgt Schnitzler als junger Arzt die Anfänge der Psychoanalyse und rezensiert bis 1894 in der *Internationalen Klinischen Rundschau*, die sein Vater herausgibt, Artikel über Psychologie. Besonders interessiert nimmt er eines der zentralen und epochalen Werke Freuds, *Die Traumdeutung* von 1899, zur Kenntnis. Doch lässt sich nachweisen, dass Schnitzler sich lange vor der Lektüre der *Traumdeutung* mit dieser Thematik auseinandergesetzt hat. Auch Freud zeigt sich an den literarischen Werken Schnitzlers interessiert, allerdings kommt es erst sehr spät in den Zwanzigerjahren zu einzelnen Treffen.

Freud versucht in seinem Brief zu Schnitzlers 60. Geburtstag eine Erklärung für das distanzierte Verhalten zu geben:

Freuds Gedanke eines Doppelgängertums

> Verehrter Herr Doktor!
> [...] Ich habe mich mit der Frage gequält, warum ich eigentlich in all diesen Jahren nie den Versuch gemacht habe, Ihren Verkehr aufzusuchen und ein Gespräch mit Ihnen zu führen [.... Ich meine, ich habe Sie gemieden aus einer Art Doppelgängerscheu. [...] [I]ch habe immer wieder, wenn ich mich in Ihre schönen Schöpfungen vertiefe, hinter deren poetischem Schein die nämlichen Voraussetzungen, Interessen und Ergebnisse zu finden geglaubt, die mir als die eigenen bekannt waren. [...] So habe ich den Eindruck gewonnen, daß sie durch Intuition – eigentlich in Folge feiner Selbstwahrnehmung – alles das wissen, was ich in mühseliger Arbeit an anderen Menschen aufgedeckt habe.“ (Freud, 1955, S. 96)

Schnitzler allerdings sieht sich keineswegs als „Doppelgänger“ Freuds, sondern kritisiert die Festlegung der Psychoanalyse auf starre, feste Schemata: „Gerade dadurch, daß die Psychoanalyse ihre Theorien, zum Beispiel Oedipuskomplex, verallgemeinert, verringert sie deren Bedeutung […]. Die neuere Psychoanalyse ist mehr auf Metaphern bedacht als auf psychische Realitäten. Die Trennung von Ich, Überich und Es ist geistreich, aber künstlich. Eine solche Trennung gibt es in Wirklichkeit nicht“ (Schnitzler, 1976, S. 278).

Schnitzlers Ablehnung Freud'scher Schemata

Schnitzler lehnt zugleich die Praxis der Entschlüsselung von Traumsymbolen durch festgelegte – vor allem sexuelle – Inhalte ab. Sehr deutlich distanziert er sich zudem von Freuds Vorstellung des Unterbewussten und ersetzt das Unterbewusste durch das „Mittelbewußtsein“.

> „Das Mittelbewußtsein steht ununterbrochen zur Verfügung. […] Das Mittelbewußtsein verhält sich zum Unterbewußten wie der Schlummer zum Scheintod. Der Schlummernde lässt sich immer ohne Mühe erwecken, der Scheintote nicht (wenigstens nicht immer).“ (Ebd., S. 283)

Das „Mittelbewußtsein“ als Ersatz für Freuds Unterbewußtes

Schnitzler selbst zeichnete über Jahre hinweg regelmäßig seine Träume auf.

> „Trotz seiner genauen Kenntnisse der psychoanalytischen Lesart deutet Schnitzler seine Träume auf subjektive Weise, indem er sich nicht an festgelegten Deutungsmustern orientiert. Er setzt sich hauptsächlich mit dem manifesten Trauminhalt auseinander. […] Den Traum versteht Schnitzler daher vor allem als inneres Sehen von Bildern.“ (Freytag, 2007, S. 14 f.)

Träume als Sehen innerer Bilder

Dennoch zeichnen sich gerade in dieser Novelle viele Gemeinsamkeiten mit den Vorstellungen Freuds ab. Das Unbewusste und die unbewussten sexuellen Wünsche stehen im Zentrum der Psychoanalyse und spiegeln sich auch in den zentralen Themenbereichen der *Traumnovelle* wider.

Schnitzlers Gemeinsamkeiten mit Freud

Schnitzler kritisiert

> „weniger die Psychoanalyse als Erforschung der psychischen Strukturen des Menschen, sondern vielmehr ihre Anwendung […], seine [Schnitzlers] negative Beurteilung der Psychoanalyse richtet sich hauptsächlich darauf, dass sie als ein zu deterministisches, abgeschlossenes ‚System' ihre Offenheit verliert. Er nennt sie sogar eine Form der Kunst, welche er vorzugsweise in der Literatur verwirklicht sieht" (ebd., S. 12).

Freuds „Ich" und „Es" sowie seine Theorie zur Verdrängung

Für Freud und wohl auch für Schnitzler ist der Traum die verkleidete Erfüllung eines unterdrückten, verdrängten Wunsches (vgl. Freud, 1961, S. 141). Freud nahm an, dass das „Es" der menschlichen Persönlichkeit, das den unbewussten Teil der Persönlichkeit darstellt und Sitz der primären Triebe sei, und das „Ich", also das Bewusstsein (oder die Vernunft des Menschen), gemeinsam an dem Traumerlebnis beteiligt sind. Das rationale „Ich" verhindere eine unverhüllte Darlegung verdrängter Wünsche und zwinge das „Es", den verdrängten Wunsch zu verschleiern. Damit ist der Traum, an den man sich beim Erwachen erinnert, immer ein Kompromiss zwischen „Es" und „Ich" und muss entsprechend gedeutet werden. Erschwert wird die Deutung durch die von Freud angenommenen Formen der Traumarbeit: die Verdichtung (mehrere Elemente werden zusammenfügt), Verschiebung (Verlagerung von Bedeutungen auf andere Elemente, die zunächst unwichtiger scheinen), Umkehrung (das Gegenteil wird gewünscht), feststehende Traumsymbole (z. B. „Darstellung des Genitales durch Gebäude, Stiegen, Schachte", ebd., S. 301). Die Existenz feststehender Traumsymbole lehnt Schnitzler allerdings ab.

Gleichzeitig lehnt Schnitzler die Freud'sche Konstruktion des „Es" ab, gesteht aber – wie Freud – dem Traum die gleiche Funktion zu.

> „Einig sind sich Schnitzler und Freud über die Funktion des Traumes in dem sich nicht-bewußte Regungen auffinden lassen. Weil die Zensur herabgesetzt ist, können sie in Visionen und Halluzinationen abreagiert werden.

> Damit eröffnet sich dem Menschen eine neue, entspannende Bilderwelt" (Perlmann, 1987b, S. 39).

Träume als „neue, entspannende Bilderwelt"

Entsprechend zeigt der Traum Albertines die Besinnung auf geheime, im Mittelbewusstsein verhaftete Wünsche, Triebe und Ängste. Schnitzler macht zudem deutlich, dass auch im wachen Zustand das Mittelbewusstsein zutage treten kann, wie die Handlungen von Fridolin beweisen. Sie sind häufig gerade nicht von seiner Vernunft oder seinem Verantwortungsbewusstsein (dem „Ich" Freuds) gesteuert, sondern von tieferen seelischen Motiven.

Triebhaftigkeit

Fridolins Triebhaftigkeit – Freuds „Libido"

Fridolins Verhalten ist von unterschwelliger sexueller Lust getrieben. Freud hat für diesen Trieb den Begriff Libido (lat. *libido*, Wollust, Trieb, Lüste, Maßlosigkeit') geprägt. Er versteht hierunter emotionale Kräfte, die durch sexuelle Triebe bestimmt sind.

Fridolin und Albertine zeigen in der Novelle, dass sie nicht immer vernunftmäßig handeln, sondern bereit sind, ihre Ehe aufzugeben, um sich aus dem Augenblick heraus mit anderen Partnern einzulassen. Auffällig ist dabei, dass Albertine – sozusagen entsprechend ihrer konventionellen Erziehung und Lebenseinstellung – diese Bereitschaft vor allem in den Traum verlegt, während Fridolin seine sexuellen Triebe – allerdings vergeblich – auszuleben sucht. Seine nächtliche Odyssee ist geprägt von konträren Empfindungen; Angst und Lust stehen einander ebenso gegenüber wie Hass und Anziehung bzw. Tod und Sinnlichkeit.

Liebe und Hass – Freuds Idee der „Gefühlsambivalenz"

Mehrfach fällt – vor allem bei Fridolin – auf, dass es zu sehr ambivalenten Gefühlsäußerungen zwischen Liebe und Hassgefühl kommt. Freud versteht dies als „Gefühlsambivalenz". Es ist das Zusammenspiel von Liebe und Hass, die auf dasselbe Individuum gerichtet sind. Freud nimmt an, dass beide Gefühlsregungen sehr häufig nebeneinander bestehen.

Sowohl Albertine als auch Fridolin lassen ambivalente Gefühle erkennen. So schildert Albertine ihre Gefühle nach dem geträumten Liebeserlebnis als schwer erklärlich: „trotz der innigsten Umarmung war unsere Zärtlichkeit ganz schwermütig wie mit einer Ahnung von vorbestimmten Leid.“ (51/29 ff.) Fridolin dagegen zeigt seine ambivalenten Gefühle eher durch Widersprüche zwischen körperlichen Signalen und seinen Gefühlen. Er beabsichtigt nach Albertines Erzählung, diese zu betrügen, ihr dann alles zu berichten und sich so an ihr zu rächen für ihren Traum, der ihn im tiefsten Innern verletzt hat. Er glaubt, dass Albertine in diesem Traum ihr wirkliches Wesen offenbart hat. Dann aber bemerkt er, dass „er immer noch ihre Finger mit seinen Händen umfasst hielt und dass er, wie sehr er diese Frau auch zu hassen gewillt war, für diese schlanken, kühlen, ihm so vertrauten Finger eine unveränderte, nur schmerzlicher gewordene Zärtlichkeit empfand; und unwillkürlich, ja, gegen seinen Willen, – ehe er diese vertraute Hand aus der seinen löste, berührte er sie sanft mit seinen Lippen.“ (55/56)

Fridolins geschärfter Geruchssinn

Auch die Betonung von Fridolins Empfänglichkeit für Gerüche stellt eine Verbindung zu Freud her, der eine starke Verbindung zwischen Sexualität und Geruchsempfinden sieht. Fridolins Geruchsempfindungen sind häufig mit sexuellen Motiven verknüpft: So fällt ihm sofort die unangenehme Mischung von Gerüchen in der Wohnung des toten Hofrates auf: „Es roch nach alten Möbeln, Medikamenten, Petroleum, Küche; auch ein wenig nach Kölnisch Wasser und Rosenseife, und irgendwie spürte Fridolin auch den süßlich faden Geruch dieses blassen Mädchens“ (11/19 ff.).

Sexualität und Gerüche

Besonders deutlich wird der enge Zusammenhang von Sexualität und Geruchssinn, als Fridolin auf die kindliche Pierrette trifft. Zunächst nimmt Fridolin auch hier den verstaubten Geruch von „Seide, Samt, Parfüms, Staub und trockenen Blumen“ (31/18) wahr, bis sich das ‚ganz junge Mädchen, fast noch ein Kind‘ (vgl. 32/10), an ihn presst. Da bemerkt er, dass „von ihren zarten Brüsten [...] ein Duft von Rosen und Puder“ (32/19 f.) aufsteigt, und er gerät in den Bannkreis von Reiz und Verbot. Am

„liebsten wäre er dageblieben oder hätte die Kleine gleich mitgenommen." (32/30 f.) Ihren „Geruch von Rosen und Puder" (35/17) spürt er noch, als er zu dem geheimnisvollen Maskenball fährt.
Beim Betreten der Villa fällt Fridolin gleich ein „fremdartiger, schwüler Wohlgeruch, wie von südländischen Gärten" (37/10 f.) auf. Auch die Unbekannte, die Fridolin auf dem Ball trifft, macht ihn „wie trunken" mit „ihrem duftenden Leib" (40/28 f.). Geruchssinn und erotisches Begehren bilden in dieser Nacht eine Einheit.

Tod und Eros

In Schnitzlers Novelle sind Tod und Eros wichtige Begleiterscheinungen auf Fridolins Weg. Auch Albertines Traum ist durchsetzt mit dem Spannungsverhältnis von Tod und Eros. In seiner Arbeit *Jenseits des Lustprinzips* (1920) formuliert Freud die Theorie eines Todestriebes. Dieser Trieb arbeite dem Eros entgegen, Eros sei als umfassendes Lebensprinzip zu verstehen und schließe Sexual- und Selbsterhaltungstriebe ein.

Eros und Todestrieb

Nachdem Fridolin das Haus des toten Hofrats und Mariannes verlassen hat, denkt er noch einmal „mit einigem Schauer, ja nicht ohne Ekel" (17/29) an den Toten zurück. Er stellt sich vor, dass „in dem lang dahingestreckten mageren Leib […] nach ewigen Gesetzen Verwesung und Zerfall ihr Werk schon begonnen hatten." (17/30 ff.) Dieser Vorstellung des voranschreitenden Todes setzt Fridolin seine eigene Jugend sowie das Bild seiner attraktiven Frau entgegen. Gleichzeitig glaubt er, „wenn es ihm gerade beliebte" (18/3), „noch eine oder mehrere" (18/2) Frauen dazu haben zu können.

Tod und Verwesung

Mehrfach übermannen Fridolin Empfindungen, die kurze Zeit in ihm Todessehnsucht hervorrufen, weil Angst, Scham und des Gefühl der Lächerlichkeit ihn überwältigen. So haben sich nach seiner Vertreibung aus der Villa „Grimm, Verzweiflung, Beschämung und Angst" (47/22) so angestaut, dass er fast bedauert „von dem Strolch, dem er begegnet war, nicht angefallen worden zu sein, ja, beinahe bedauerte, nicht mit einem Messerstich zwischen den Rippen an einer Planke in der verlorenen Gasse zu liegen." (47/24 ff.) Er überlegt sogar, ob er den Studenten, der ihn angerempelt hatte, nicht zu einem Pistolenduell herausfordern solle, denn was „lag ihm an eines andern, was an seinem eigenen Leben?" (48/4 ff.)

Selbsterhaltungstrieb

Doch sein Selbsterhaltungstrieb bietet diesen Gedanken Einhalt, und plötzlich ängstigt sich Fridolin sogar vor einer tödlichen Ansteckung durch das diphtheriekranke Kind, das ihm ins Gesicht gehustet hat, und er prüft, ob er nicht schon Fieber hat.

Liebe und Tod

Am Totenbett des Hofrats mustert Fridolin dessen Tochter Marianne und überlegt, um wie viel besser sie aussähe, wenn „sie seine Geliebte" (12/27) wäre, dann wären „ihre Lippen röter und voller" (12/28). Gerade das Rot der Lippen ist für Fridolin eine Stimulans, die er immer wieder genau registriert. Zwar sucht er sich einzureden, keinerlei Gefühle für sie zu empfinden, doch irritiert ihn nach Mariannes Liebesgeständnis der tote Vater, und er fragt sich, ob dieser nicht vielleicht alles höre und nur scheintot sei. Er hält Marianne mit etwas Abstand im Arm, drückt ihr „beinahe unwillkürlich einen Kuss auf ihre Stirn" (15/9 f.) und denkt dabei an einen Roman, in dem „ein Knabe […] am Totenbett der Mutter von ihrer Freundin verführt, eigentlich vergewaltigt wurde." (15/12 ff.)

Magie des Todes

Noch deutlicher wird die Thematik ausgeführt, als Fridolin sich im Leichenkeller plötzlich zu einem fahlen „Frauenleib" „hingezogen" fühlt (76/18). Mit „Scheu" rückt er den Kopf der Toten zurecht, hebt ihn dann wieder vorsichtig an, um die Gesichtszüge zu studieren. Langsam lässt er seinen Blick über den nackten Körper gleiten und glaubt die ersten Anzeichen „der Verwesung" (77/10) zu erkennen. Dennoch berührt er liebevoll mit „beiden Händen die Stirne, die Wangen, die Schultern, die Arme der toten Frau; dann schlang er seine Finger wie zu einem Liebesspiel in die der Toten" (77/23 ff.). Wie von „einer unsichtbaren Macht gezwungen" (77/21) beugt er sich schließlich herab, als wolle er die Tote küssen. Erst die Frage des Pathologen, was er da mache,

reißt Fridolin aus seinem ihn selbst beschämenden Verhalten. In diesem Augenblick ist auch die Anziehung der Toten gebrochen und Fridolin kehrt zurück in das Leben.
Auch Albertines Traum verknüpft Elemente des Todes mit denen sexueller Triebhaftigkeit. Nachdem Albertine zunächst im Traum Fridolin geliebt hat, wendet sie sich, während Fridolin, in der Ferne nackt von einer Menge verfolgt, Kleidung kauft, einem unbekannten Mann zu. Während sie in den Armen eines Liebhabers ruht, sieht sie ohne Mitleid zu, wie Fridolin gefangen und gefesselt wird und ihr ist sofort klar, dass man Fridolin hinrichten wird.

4. Thematik

4.1 Die Gefährdung der Ehe

Unausgesprochen, aber dennoch überdeutlich kreist die Novelle um das Problem der Ehe, um ihre Gefährdung und Rettung durch die Aufrichtigkeit beider Ehepartner. Zunächst scheinen wir in eine harmonische Familiensituation versetzt zu werden: Die liebevollen Eltern verabschieden sich von ihrer Tochter, die zu Bett gebracht werden soll, dabei begegnen sich ihre Blicke „mit zärtlichem Lächeln, das nun nicht mehr dem Kinde allein galt" (3/13 f.). Doch auffallend eilig nehmen die Partner dann „ihre vor dem Abendessen begonnene Unterhaltung über die Erlebnisse auf der gestrigen Redoute" (3/20 f.) wieder auf. Es zeigt sich dabei, dass beiden Partnern klar wird, dass „der andere es an der letzten Aufrichtigkeit fehlen" (4/33 f.) lässt, und eine leichte Verstimmung deutet sich an.

Ausgangssituation der Geständnisse

Das weitere Gespräch nimmt nun an Ernsthaftigkeit zu, und beide Ehepartner sprechen „über jene verborgenen, kaum geahnten Wünsche, die auch in die klarste und reinste Seele trübe und gefährliche Wirbel zu reißen vermögen" (5/4 f.). Fridolin und Albertine gestehen sich

Geständnisse erotischer Abenteuer

in diesem Zusammenhang Erlebnisse aus ihrem gemeinsamen Urlaub in Dänemark ein, die ihre Lust auf erotische Abenteuer widerspiegeln. Die Untreue zeigt sich in den geheimen Wünschen sowie in den leidenschaftlichen Phantasien und macht deutlich, dass beide der Macht ihrer Phantasie, ihrer geheimen Träume und Triebe ausgeliefert sind. Und es waren nur Zufälle, die Fridolin und Albertine einer Entscheidung enthoben haben. Keiner von beiden hat sich also in den erotischen Versuchungen wirklich bewährt.

Versagen beider Partner

Was wäre gewesen, fragt sich Fridolin, wenn Albertine am Wörthersee einen anderen als ihn getroffen hätte? Der Gedanke, dass die Ehe nicht einer inneren Übereinstimmung, sondern einem Zufall zu verdanken sein könnte, verbittert Fridolin. Sein Groll auf Albertine und den jungen Dänen steigert sich in Hass auf den Rivalen und in den Wunsch, diesen niederzuschießen.

Fridolins beginnende Eifersucht

Bei seiner Wanderung durch die Gassen Wiens glaubt Fridolin sich von jeglicher Verantwortung gegenüber seiner Familie befreit. Er ist sogar, nach anfänglichem Zögern, bereit, sich mit einer blutjungen Prostituierten einzulassen.

Bedenkenlos beabsichtigt Fridolin schließlich, die bürgerliche Welt mit ihren Verpflichtungen als Ehemann, Vater und Arzt hinter sich zu lassen und sich einer nächtlichen Orgie in einer Geheimgesellschaft hinzugeben. Das Schauspiel, das sich ihm hier bietet, entfacht in ihm eine „unsägliche Lust des Schauens“ , die übergeht in „eine fast unerträgliche Qual des Verlangens“ (38/21 f.).

Bedenkenloses Handeln – versuchter Ausbruch aus den Konventionen

Verzaubert durch eine unbekannte Schöne will Fridolin schließlich sogar sein Leben für sie opfern, denn das „Leben hat keinen Wert mehr für [ihn]“ (43/35 f.), wenn er ohne diese geheimnisvolle Unbekannte gehen soll. Und wieder ist es nicht sein eigener Entschluss, den Ehebruch nicht zu vollziehen, sondern mit Gewalt wird er aus dem Haus gedrängt.

Mit dem Vorsatz, die unbekannte Frau am folgenden Tag zu suchen, kehrt Fridolin nach Hause zurück. Als er sich im Morgengrauen über seine Frau beugt, lacht diese – aus einem Traum heraus – schrill auf. Als sie erwacht, blickt sie ihn mit einem „Ausdruck der Abwehr, der Furcht, ja, des Entsetzens“ (49/19) an. Fridolin erfährt nun, dass er seine Frau aus einem rätselhaften Traum geweckt hat. Nachdem Albertine diesen Traum voller erotischer Wunschvorstellungen und Erinnerungselemente erzählt hat, der letztlich in Folter- und Kreuzigungsphantasien übergeht, reagiert Fridolin widerspruchsvoll. Einerseits berührt er Albertine mit seinen Lippen und hält ihre Hand, auf der anderen Seite glaubt er seine Frau zu hassen und liegt neben ihr, als seien sie „Todfeinde“ (56/22). Er erwägt sogar, sich von ihr zu trennen.

Albertines Traum als Erfüllung sexueller Wünsche

Sadistische Phantasien

Aus diesem Gefühl der Feindseligkeit heraus entwirft Fridolin einen Plan, die Erlebnisse des letzten Tages und der Nacht wiederaufleben zu lassen. Zudem will er seine unbekannte Retterin suchen und glaubt sich damit an Albertine zu rächen zu können, die ihn „[h]eute Nacht hatte […] ans Kreuz schlagen lassen.“ (70/8)

Doch Fridolin erlebt nur Enttäuschungen auf seinem Rachefeldzug: Zunächst ist Nachtigall offensichtlich zur Abreise gezwungen worden, und die Tochter des Kostümverleihers entpuppt sich als williges, sich prostituierendes Wesen. Ihr kindlicher Zauber, der ihn gefangen genommen hatte, verfliegt. Der Besuch bei Marianne verläuft kühl und sachlich, obgleich die Gelegenheit für einen Ehebruch gegeben gewesen wäre. Mariannes Gefühlsüberschwang stößt Fridolin ab. Schließlich erfährt er noch, dass die blutjunge Prostituierte Mizzi mittlerweile schwer erkrankt in ein Spital eingeliefert worden ist.

Enttäuschender Rachefeldzug

Im Verlauf seiner Nachforschungen nach der Unbekannten, die ihn gerettet hat, stößt Fridolin auf eine Selbstmörderin, die den Umständen nach die Gesuchte gewesen sein könnte.

Der Zauber der letzten Nacht ist verflogen, und Fridolin kehrt nach Hause zurück mit einem Gefühl „von Zärtlichkeit, ja Geborgenheit“ (80/6 f.). Er ist sogar bereit,

Demaskierung und Geständnis

Albertine seine Erlebnisse zu erzählen. Doch noch kann er sich nicht zur wirklichen Aufrichtigkeit durchringen, sondern will seine Erlebnisse als Traum ausgeben. Aber die Maske, die er in der vergangenen Nacht getragen hat, die er offenkundig zu Hause verloren hatte und die nun auf seinem Kopfkissen liegt, scheint seine Lügen gegenüber Albertine zu entlarven und unter Tränen entschließt er sich, seiner Frau „alles“ (81/3) zu erzählen. Albertine fühlt genau, dass Fridolin nichts verschwiegen hat, und diese Aufrichtigkeit lässt beide aus ihren Sehnsüchten, Träumen, uneingestandenen Leidenschaften erwachen. Zwar spricht Albertine noch eine Warnung aus: „Niemals in die Zukunft fragen“ (81/30), doch das helle „Kinderlachen von nebenan“ (81/35) kündigt die neugewonnene Harmonie der Familie an.
Dieser positiven Deutung des Schlusses kann auch eine pessimistischere entgegengesetzt werden.

Ein brüchiger Schluss?

> In der *Traumnovelle* zeigt sich [...] die Brüchigkeit erotischer Beziehungen, die gerade durch ihre institutionelle Verankerung in der Ehe keine innere Stabilität erlangen. Fridolin und Albertine überwinden ihre Ehekrise um einen hohen Preis: Ihre Liebe wird am Ende von einem bloß noch familiären Loyalitätsideal abgelöst.“ (Kim, 2007, S. 209)

4.2 Traum und Wirklichkeit – Albertines Traum und Fridolins Erlebnisse

Bedeutung von Träumen

Wie bei Freud spiegeln sich auch bei Schnitzler unbewusste sexuelle Wünsche in den Träumen, im Handeln und im Halbbewusstsein seiner Hauptpersonen wider. Freuds zentrale Schrift *Die Traumdeutung* von 1899 enthält viele Elemente, die auf die *Traumnovelle* angewendet werden können. Für Freud, sicherlich aber auch für Schnitzler, ist der Traum der Weg zum Unterbewussten (bzw. zum „Mittelbewußtsein“ bei Schnitzler).

Träume als Wunschbilder

Träume sind für Freud nach Regeln aufgebaut, sie lassen sich demnach recht eindeutig lesen, wenn man die Regeln kennt. Zunächst stellen Träume eine (verkleidete)

Erfüllung unterdrückter, verdrängter Wünsche (vgl. Freud, 1961, S. 111) dar. Schnitzler lehnt zwar die Regelhaftigkeit einer Traumdeutung ab, dennoch lassen sich Ereignissen und Gegenständen in Albertines Traum symbolische Bedeutung zuweisen. Aber auch ohne vertiefendes Lesen wird sofort deutlich, dass Albertines Traum einen hemmungslosen Ausbruch aus bürgerlichen Konventionen darstellt, der verknüpft ist mit Aggressionen gegen Fridolin.

Fridolins nächtliche Erlebnisse scheinen seiner Phantasie entsprungen und erinnern vielfach an eine unwirkliche Traumwelt, doch sie sind deutlich auf reale Orte in Wien ausgerichtet und stehen in Verbindung zu Fridolins persönlichem Umfeld. So gewinnt etwa das zunächst neutrale Losungswort der Geheimgesellschaft „Dänemark" durch den Bezug zur anfänglichen Beichte von Albertines und Fridolins Erlebnissen in Dänemark eine schicksalhafte Wirkung.

Enge Verknüpfung von Wirklichkeit und Traumwelt

Albertines Traum dagegen ist deutlich als Traum mit all seinen Merkmalen erkennbar. Zentrale Motive stammen aus ihren Erfahrungen und Erinnerungen, auch hier spielt die Erinnerung an Dänemark in der Gestalt des Dänen eine besondere Rolle. Die reale Begegnung in Dänemark wird nun in ihrer letzten Konsequenz als sexuelle Vereinigung geträumt.

Albertines Traum und Fridolins Erlebnisse in der Nacht sind so eng miteinander verknüpft, dass eine klare Trennung von Realität und Traum aufgehoben scheint. Die Ereignisse der orgiastischen Feier, die Fridolin nur als Beobachter miterlebt, enthalten dieselben Grundkomponenten wie Albertines Traum: ausgelebte Sexualität, Entfesselung, Verkleidung und Nacktheit, Sadismus und Tod.

Sexualität, Entfesselung, Nacktheit und Sadismus im Traum und in der Wirklichkeit

Vielfache Verschränkungen von Handlungsmotiven und Dingsymbolen, die in Fridolins Erlebnissen und Albertines Traum auftauchen, verdeutlichen, wie einprägsam Schnitzler die Parallelen konstruiert hat. Ausgangspunkt von Albertines Traum ist die Villa am Wörthersee, die sie im Zusammenhang mit dem Kennenlernen Fridolins zu

Beginn der Novelle erwähnt hatte. Auf der Suche nach einem Brautkleid findet Albertine in ihrem Traum „Kostüme [...] opernhaft, prächtig, orientalisch“ (51/3), die den Leser an Gibisers Kostümverleih sowie an den märchenhaften Anfang erinnern. Fridolin wird in Albertines Traum – wie im Märchen – von Galeerensklaven herbeigerudert. Nachdem sie sich beide innig geliebt haben, muss Albertine feststellen, dass ihre Kleider fort sind. Wie nach dem biblischen Sündenfall erfasst sie „brennende Scham bis zur inneren Vernichtung“ (51/36 f.), und sie sieht die Schuld für das „Unglück“ (52/1) bei Fridolin.

Scham und Lust

Ihre Scham vor der Nacktheit steht in deutlichem Gegensatz zu Fridolins „unsägliche[r] Lust des Schauens“ und seiner „fast unerträgliche[n] Qual des Verlangens“ (38/21 f.), als er die nackten Körper der Frauen beim Ball sieht. Doch während Albertine im Traum sexuelle Erfüllung mit einem Mann erfährt, der dem Dänen ähnelt, wird Fridolin aus dem Kreis sexueller Entfesselung herausgerissen, mit der Strafe des Auspeitschens bedroht und schließlich vertrieben. Albertine träumt genau das, was Fridolin durch das Hinzutreten der schönen Unbekannten bei dem geheimen Ball erspart geblieben ist. Er wird so ausgepeitscht, dass das Blut in Strömen fließt.
Auch Fridolins Erzählung seiner Begegnung mit einem blutjungen, nackten Mädchen am dänischen Strand verarbeitet Albertine in ihrem Traum. Das Mädchen tritt nun als nackte Fürstin auf, die Fridolin anbietet, sie zu heiraten. Als dieser ablehnt, wird er zum Tod durch Kreuzigung verurteilt. Und wieder kehrt sich Albertines Gefühl gegen jede sittliche Norm: Sie empfindet keinerlei Mitgefühl und verspottet den verurteilten Fridolin sogar dafür, dass er ihretwegen den Heiratsantrag abgelehnt hat.

Hass und Liebe

> Zwar verwandelt sich ihre ursprüngliche Liebe zu Fridolin in Haß, aber diese Umkehrung bedeutet keineswegs die Aufhebung ihrer persönlichen Beziehung. Im Gegenteil, gerade durch ihre Haß-Liebe am Ende ihres Traumes ist Albertine tiefer mit Fridolin verbunden als durch

das paradiesische Liebesidyll am Anfang. Es ist ja ein Grundgedanke Schnitzlers […], daß sich hinter dem scheinbaren Gegensatz der Gefühle […] eine tiefere Verbindung versteckt." (Rey, 1968, S. 113)

Vergeltung für den Traum

Albertines Erzählung ihres Traumes wirkt auf Fridolin so einschneidend, dass ihm die eigenen nächtlichen Erlebnisse lächerlich und nichtig (55/28) erscheinen. Er glaubt, in Albertines Traum ihr wahres Wesen und ihre verborgene Sehnsucht erkannt zu haben. Aus Rachlust beschließt er, „seine eigenen Erlebnisse, so weit sie bisher gediehen waren, […] alle zu Ende zu erleben, sie ihr dann getreulich zu berichten und so Vergeltung zu üben an dieser Frau, die sich in ihrem Traum enthüllt hatte als die, die sie war, treulos, grausam und verräterisch, und die er in diesem Augenblick tiefer zu hassen glaubte, als er sie jemals geliebt hatte." (55/29 ff.)

Geträumter Ausbruch aus den bürgerlichen Grenzen

Tatsächlich wird deutlich, dass Albertines Gefühle im Traum über das hinausgehen, was sie sich im Wachsein eingestehen würde. Sie sprengt im Traum ihre bürgerlichen Grenzen und gibt sich ihrem Lusttrieb und ihren Instinkten hin. Ungerührt sieht sie dann der Bestrafung Fridolins zu und verhöhnt ihn sogar für seine Treue. Es wird auch deutlich, dass – zumindest im Traum – Fridolin keineswegs der Prinz ist, als der er zunächst Albertine erschienen ist. Zwar erfüllt er Albertines Ansprüche auf Treue und ist sogar bereit, dafür in den Tod zu gehen, doch er bleibt im Traum ein unsicherer und von Albertines Laune abhängiger Partner. In Albertines Traum hat somit ein Rollentausch stattgefunden: Während sie in den Armen ihres Liebhabers ruht und sich jene Untreue erlaubt, die sonst nur den Männern zugestanden wird, verlangt sie unwidersprochen die Treue ihres Mannes.

Schnitzler setzt also Fridolins reales Handeln gegen die Traumerlebnisse Albertines. Fridolins Plan, in dem er die Stationen der vergangenen Nacht noch einmal aufsucht und auf sexuelle Abenteuer hofft, scheitert jedoch vollständig. Dabei wird sein Vorsatz immer weniger von seinem Verstand kontrolliert. „[A]lles wurde unwirklich, sogar sein Heim, seine Frau, sein Kind, sein Beruf, ja, er selbst, wie er so mit schweifenden Gedanken die abendlichen Straßen mechanisch weiterging.“ (67/26 ff.)

4.3 Der Maskenball

Die rot gekleideten weiblichen Dominos

Dem rätselhaften Maskenball gehen zwei kleinere Maskenbälle mit erotischen Akzenten voraus: Der erste Maskenball enttäuscht Fridolin, da die beiden weiblichen rot gekleideten Dominos ihr Versprechen nicht halten und nicht zurückkehren. Enttäuscht von dem „banalen Maskenspiel“ (4/12) beginnen Albertine und Fridolin miteinander „eine Komödie der Galanterie, des Widerstandes, der Verführung und des Gewährens“ (4/15 f.). Beide begegnen sich also zunächst in einem Spiel „wie zwei Liebende unter andern verliebten Paaren“ (4/13) und erleben in diesem Spiel den Ausstieg aus ihrer Alltagswelt. Doch die rauschhafte Nacht, die diesem Spiel folgt, das keiner Maske bedarf, mündet ein in den grauen Alltag. Fridolin muss schon zu früher Stunde zu seinen Kranken, Albertine rufen „Hausfrau- und Mutterpflichten“ (4/21).

Der zweite, sehr intime Maskenball bleibt zunächst von Fridolin unbemerkt und unverstanden. Auf dem langen dunklen Flur des Kostümmagazins Gibisers haben sich die Tochter des Kostümverleihers im Pierrettenkostüm und zwei junge Herren als Femerichter (alle in Rot) verkleidet getroffen und vergnügen sich miteinander. Anscheinend findet diese Begegnung ohne Wissen und gegen den Willen des Vaters statt, wie Fridolin aus den Reaktionen des empörten Vaters schließt. Sofort fühlt sich Fridolin von dem jungen Mädchen erotisch angezogen. Am nächsten Tag muss er allerdings erkennen, dass der Vater seine Tochter verkuppelt hat und sie auch Fridolin anbietet.

Der Maskenball der kleinen Pierrette

Letztlich ist also auch dieser Maskenball von Pierrette und den Femerichtern ein sexuelles Arrangement, das Fridolin zunächst nicht durchschaut. Vielmehr glaubt er, gegenüber dem Vater den hilfsbereiten Arzt spielen zu können, um in dieser „Maskerade" Pierrette näher zu kommen. Der charakterlose Vater allerdings durchschaut Fridolins wahre Absicht.

Fridolins „Maskerade", um Pierrette näher zu kommen

Eine weitere Vorstufe des Maskenballs, der letztlich den Anstoß zum letzten Teil von Fridolins Odyssee gibt, ist die Erzählung Nachtigalls, der Einzelheiten des Balls vorwegnimmt.

Auf der Fahrt zu dem geheimnisvollen Ball nimmt Fridolin die frühlingshafte Wärme ebenso wahr wie die Reste des Dufts von „Rosen und Puder, der von Pierrettens Brüsten zu ihm aufgestiegen war." (35/17f.) Die Luft scheint erotisch aufgeladen zu sein, aber Fridolins Lust wird überlagert von Angst, und er gesteht sich ein: „Ich hätte nicht fortgehen sollen" (35/19).

Angst und Begehren

Fridolin hofft kurz vor der Ankunft in der Villa, hinter seiner Maskerade unterzutauchen, und ihm erscheint zunächst das Überziehen der Mönchskutte wie das alltägliche Überstreifen seines Arztkittels. Er empfindet sogar Erleichterung bei dem Gedanken, am folgenden Morgen wieder als helfender Arzt tätig zu sein. Die Kleidung verändert somit Fridolins Selbstwahrnehmung, und er erlebt sich in einer veränderten Wirklichkeit. Doch er ahnt nicht, dass die neue Rolle in der Mönchskutte ihn in keiner Weise stärken kann, sondern ihn im Gegenteil aus der Menge der Maskierten herausfallen lässt.

Kleidung und Rolle

Als Fridolin mit beklommenen Gefühlen die Villa betritt, in der der von Nachtigall angekündigte geheimnisvolle Ball stattfinden soll, glaubt Fridolin wohl zunächst einem jener Bälle beiwohnen zu können, die Stefan Zweig in seiner Erinnerung *Die Welt von Gestern* beschreibt und welche Fridolins bürgerlicher Vorstellung entsprochen hätten, wie seine spätere Bemerkung erkennen lässt, dass man sich doch mit den Frauen sicherlich in Nebenräume zurückziehe.

> „Manche wollten es noch bequemer und diskreter haben als auf der Straße diesen flatternden Fledermäusen

Die „geschlossenen Häuser" Wiens

> oder traurigen Paradiesvögeln nachzujagen. […] Für diese Klienten gab es die ‚geschlossenen Häuser' […]. Dort versammelten sich in einem sogenannten, mit falschem Luxus eingerichteten Salon die Mädchen in teils damenhaften Toiletten […], ein Klavierspieler sorgte für die musikalische Unterhaltung, es wurde getrunken und getanzt und geplaudert, ehe sich die Paare diskret in ein Schlafzimmer zurückzogen." (Zweig, 1962, S 87)

Doch, wie Zweig weiter ausführt, gab es durchaus auch geheimnisvollere Häuser.

Geheime Gesellschaften in Wien

> „Da waren Geheimtüren und eine besondere Treppe, durch die die Mitglieder der allerhöchsten Gesellschaft – und wie man munkelte, selbst des Hofes Besuch machen konnten […]. Da waren Spiegelzimmer und solche, die geheimen Zublick in nachbarliche Zimmer boten […]. Da waren Kostümverkleidungen, vom Nonnenkleid bis zum Ballerinenkleid, in Laden und Truhen für besondere Fetischisten verschlossen. Und es war dieselbe Stadt, dieselbe Gesellschaft, dieselbe Moral, die sich entrüstete, wenn junge Mädchen Fahrrad fuhren […], wenn Freud in seiner ruhigen, klaren und durchdringenden Weise Wahrheiten feststellte, die sie nicht haben wollten." (Ebd., S. 88)

Schaulust, Maske und Scham

Als Fridolin den fast dunklen Saal betritt, wartet er zunächst völlig passiv ab und betrachtet mit seiner Maske getarnt das Geschehen. Doch trotz seiner Maskierung fühlt er sich fremd und unbehaglich und verhält sich möglichst unauffällig. Seine Blicke schweifen umher, gleichzeitig fühlt er sich aber auch als Objekt und verspürt bohrende Blicke auf sich gerichtet.
Als ihn eine als Nonne verkleidete Unbekannte streift, fällt sein Blick – wie schon früher bei der jungen Prostituierten – auf den „blutrote[n] Mund" (37/34). Obgleich Fridolin den Maskenball bedrohlich findet, verbieten ihm „die Neugier, die Lockung und vor allem sein Stolz" (37/29 f.), der Warnung einer Unbekannten, den Ball rasch zu verlassen, Folge zu leisten. Hinter diesem Stolz verbirgt sich allerdings eher Fridolins Schamgefühl, sich einzugestehen, dass er hier ein ungebetener, uneinge-

weihter Eindringling ist. Gleichzeitig kämpfen seine innere Erregung und seine Schaulust gegen dieses Gefühl der Scham.

Das erotische Schauspiel

Aus der zunächst unergründlichen Situation des Balls entwickelt sich mit einem Schlag ein erotisches Spektakel. Während die verkleideten Männer im Dunkeln verharren, zeigen sich im gegenüberliegenden Raum „in blendender Helle“ (38/14) – wie auf einer Theaterbühne – die zuvor verkleideten Frauen nur noch mit einem Schleier und einer schwarzen Maske bekleidet. Die männlichen Ballbesucher werden zu Voyeuren, die Frauen zu Exhibitionistinnen. Dabei sind die nackten Frauen zunächst nur den Blicken der Männer ausgeliefert, während diese für die Frauen unerkannt im Dunkeln bleiben. Und so wandern auch Fridolins Augen „von üppigen zu schlanken, von zarten zu prangend erblühten Gestalten“ (38/17 f.), und seine „unsägliche Lust des Schauens“ wandelt sich in „eine fast unerträgliche Qual des Verlangens“ (38/21). Als sich die Männer ihrer Mönchskutten entkleiden und in bunten Kavalierstrachten aus dem dämmrigen Saal hervorstürzen, zieht sich Fridolin passiv, als ängstlicher Voyeur „in die entfernteste Ecke“ (38/30) zurück.

Trotz ihrer Nacktheit bleiben die Frauen durch ihre Masken geheimnisvoll, und ihre Augen sind für Fridolin „unlöslichste Rätsel“ (38/19). Erneut und noch eindringlicher wird Fridolin von derselben Frau wie zuvor gewarnt. Aber Fridolin hat seinen Wirklichkeitssinn durch die Nähe dieser Frau, die fast die Sinne raubt, sowie durch seine Erwartung und Lust eingebüßt. Er versucht, sie an sich zu ziehen, und verliert allmählich die Kontrolle über sein Handeln. Sein eigenes Lachen klingt so, „wie man sich im Traume hört.“ (39/35)

In seiner Erregung will er nicht glauben, dass er sich nicht mit ihr in ein Nebengemacht zurückziehen und sie ihm nicht folgen kann. Wie betrunken versucht er ihren Schleier herunterzuziehen. Er glaubt, das Spiel, das man mit ihm spielt, zu durchschauen. Diese Demaskierung, die die Anonymität zerstören und damit die

Frau entlarven würde, so warnt ihn die Unbekannte, würde mit ihrem Tod und seiner Demaskierung, Bestrafung und Vertreibung enden.

Als Fridolin dann tatsächlich als Eindringling entdeckt wird, wird der Ball, ohne dass Fridolin die Gefahr hinreichend erkennt, zu einem Tribunal. Die Türen zu den Nebenräumen haben sich geschlossen, die unbekleideten Frauen sind verschwunden, das Klavierspiel hat aufgehört, Fridolin steht einsam in seinem nun fast albernen Mönchskostüm inmitten der bunt gekleideten ‚Kavaliere'. Als man ihn demaskieren will, wehrt er sich, sein wahres Gesicht zu zeigen. Die Scham, als wiedererkennbarer Bürger vor den Maskierten zu stehen, ist so groß, dass es ihm schlimmer erscheint, seine Maske abzunehmen, als nackt unter den Maskierten zu stehen.

Das Tribunal

Scham vor der Demaskierung

Die Schutzlosigkeit des Körpers ist also weniger schmerzhaft als der Gesichtsverlust, den er als Bürger durch die Demaskierung erleiden würde. Umso schmerzhafter ist die Demaskierung durch seine Ehefrau, die seine zu Hause vergessene Gesichtsmaske augenfällig neben sich gelegt hat. Hier verliert er zum ersten Mal seine Beherrschung, sinkt „neben dem Bette nieder" (80/34 f.) und weint. Die Katastrophe bleibt aus, mit dem Verlust der Maskierung verliert er auch die Scham, die nächtlichen Erlebnisse zu erzählen, die er eigentlich Albertine nur als Traumerzählung zumuten wollte.

5. Motive

Masken

Am Schluss der Novelle wird Fridolin in seinem tiefsten Innern getroffen, als er die Maske, die er am Vorabend getragen hat, auf seinem Kissen unmittelbar neben dem Gesicht seiner schlafenden Frau entdeckt. Albertine hat diese Maske, Symbol von Fridolins anonymen, nächtlichen Erlebnissen, das zugleich seine Triebhaftigkeit entlarvt, so arrangiert, dass er den Zusammenhang zwischen seinen sexuellen Wünschen außerhalb des Hauses und seiner Ehe (und damit auch den Wünschen Albertines) erkennen soll. Der tiefe Schock, die nächtliche Maske, die ihn an seinen Ausbruchsversuch aus dem alltäglichen Leben erinnert, in seinem Schlafzimmer zu entdecken, macht Fridolin deutlich, dass Albertine ihn durchschaut hat. Sie weiß offenbar, dass er Geheimnisse vor ihr hat. Das Arrangement der Maske signalisiert allerdings, dass sie zur Versöhnung bereit ist. Damit wird für ihn der Weg frei zu einem Geständnis seiner Abenteuer, gleichzeitig deckt er in diesem Geständnis auch seinen Zwiespalt zwischen Wirklichkeit und Maske, zwischen Sein und Schein auf.

Schock der Entlarvung

Schon bei dem ersten Maskenball vermag Fridolin die Anonymität der beiden roten Dominos nicht zu lüften, sie kehren – trotz des gegenteiligen Versprechens – nicht zurück, sondern wahren ihr Geheimnis und erzeugen in ihm mit „verheißungsvoller Freundlichkeit" (3/30) die erste erotische Spannung.

Beim Ball glaubt Fridolin, sich hinter seiner Maske verstecken und seine Individualität verbergen zu können. Jedoch selbst im Kreis der Maskierten, der Nonnen, Mönche, Kavaliere, vermag er nicht einzutauchen, weil er sogleich als ungebetener Gast erkannt wird. Sein Verhalten macht deutlich, dass er nicht in diesen Kreis gehört, dass er seine Maskierung nur zum Erreichen sexueller Lust in der Anonymität trägt. Umso peinlicher ist es für ihn, dass man ihn in der Ballöffentlichkeit demaskieren und in seiner bürgerlichen Individualität entlarven will.

Fridolin – der maskierte Außenseiter des Balls

So wie die Maske immer wieder auf erotische Abenteuer hinweist, ist sie in der Novelle auch mit Dunkelheit und Nacht verbunden und mit der Nachtseite des menschlichen Lebens verknüpft. Hier öffnet sich für Fridolin ein Freiraum für seine Triebhaftigkeit. Erst im „sieghaften Lichtstrahl" eines neuen Tages, am Ende der Novelle, scheint diese dunkle Seite Fridolins besiegt.

Maske und die Nachtseite des Lebens

Atmosphäre und Räume

Die Familienidylle

Aus der Weite des „dunkelblauen, sternbesäten Nachthimmel[s]" (5/5 f.) heraus, den der Anfang der Novelle mit seinem Märchen beschwört, geht der Blick über in das Esszimmer der Familie. Ein zwiespältiges Bild wird entworfen: Das Märchenbuch liegt auf einem „noch nicht abgeräumten Tische" (3/9 f.) und verweist damit auf die hektische Eile des Ehepaares, die vor dem „Abendessen begonnene Unterhaltung" (3/20 f.) fortzusetzen. Zugleich vermittelt der rötliche Schein der Hängelampe (vgl. 3/19) eine harmonische Stimmung in einem bürgerlichen Haushalt (vgl. im Gegensatz dazu „[d]ie grün verhängte Petroleumlampe" [11/11 f.] im Sterbezimmer des Hofrats).

Der graue Morgen – Alltag und Neubeginn

Nach der Heimfahrt durch die Winternacht nach dem ersten Ball erfahren Albertine und Fridolin ein „heiß erlebte[s] Liebesglück", erwachen dann jedoch an einem grauen Morgen, um die Alltagspflichten als Arzt und als Hausfrau und Mutter zu erfüllen; erst am Abend können beide diesem Alltag wieder entfliehen. Auch am Schluss der Novelle dämmert der Morgen „grau durch die Vorhänge" (81/7), doch ein verheißungsvoller „sieghafte[r] Lichtstrahl" (81/34) erhellt nun das Zimmer, und der neue Tag beginnt „mit einem hellen Kinderlachen von nebenan" (81/35).

Die Wohnung des Hofrates

Sowohl Fridolins Wohnung in der Josefstadt als auch die Adresse seines Patienten, des Hofrates, in der Schreyvogelgasse, deuten auf wohlhabende Lebensumstände hin. Doch schon die „schlecht beleuchtete gewundene Treppe" (11/6 f.) zur Wohnung des Patienten, die niedrige Decke im Sterbezimmer sowie der grünliche Schein der Petroleumlampe hinterlassen beim Leser einen eher abstoßenden Eindruck, zu dem sich noch eine unangenehme Mischung von Gerüchen hinzugesellt.

Gespenstische Atmosphäre

Als Fridolin das Haus schließlich verlässt, sind ihm die „Menschen, die dort oben zurückgeblieben waren, die lebendigen geradeso wie der Tote, […] in gleicher Weise gespensterhaft unwirklich." (17/3 ff.) Diese gespenstische Atmosphäre dauert auch während seines Spaziergangs durch die nächtliche Stadt an. Albertine, sein Kind und das Kindermädchen sind „ihm völlig ins Gespenstische entrückt." (24/23 f.) Die gespenstisch-traumhafte Stimmung beunruhigt Fridolin jedoch keineswegs, sondern scheint ihm unterschwellig das Gefühl zu geben, abgehoben zu sein von „aller Verantwortung" (24/26) und losgelöst von „jeder menschlichen Beziehung" (24/26).

Die scheinbare Idylle bei Mizzi

In diesem traumähnlichen Schwebezustand trifft er auf eine blutjunge Prostituierte, die ihn zu sich in ihren kleinen, von einer Öllampe erhellten „ganz behagliche[n] Raum" (25/26) einlädt. Ermüdet lässt sich Fridolin in einen Schaukelstuhl sinken. Doch rasch muss er diesen – nur scheinbar idyllischen – Ort verlassen, nachdem ihn die junge Frau in seinem Begehren zurückgewiesen hat, weil sie um ihre tödliche Krankheit weiß. Wie endgültig fällt das „Tor hinter ihm zu." (22/26)

Die doppelte Maskerade im Kostümverleih

Das Magazin des Kostümverleihers ist ein Raum doppelter Maskierung. Wie bei einem Totentanz „Gehängte[r]" (31/27) hängen die Kostüme in einem düsteren Gang, der „sich rückwärts in Finsternis" (31/21) verliert. Erst das grelle Licht, das Gibiser nach einem Geräusch am Ende des Ganges anschaltet, gibt den Blick frei auf die heimliche Maskerade zweier Femerichter und der Tochter des Verleihers. Dass diese Maskerade noch einmal eine völlig andere Wirklichkeit verdeckt, wird Fridolin erst bewusst, als er die Käuflichkeit der kleinen Pierrette entdeckt.

Die nächtliche Fahrt zur Villa – die Trauerkutsche

Die unheimliche Fahrt zu der geheimen Villa steigert Fridolins angespannte Stimmung und Furcht vor dem Unbekannten. Seine Kutsche folgt Nachtigalls „Trauerkutsche" mit dem unnahbaren Lenker mit schwarzem Zylinder in die Nacht. Wie ein Todesbote tritt dieser Kutscher auf, der Nachtigall in einer schwarzen Kutsche zu der Villa bringt. Mit „einem sehr heftigen Ruck" (35/30) biegt die Kutsche dann überraschend in eine dunkle Schlucht ab und verschwindet, nachdem Nachtigall ausgestiegen ist, wie in einem dunklen Schlund in der finsteren Schlucht hinter der Villa. Und, als sei die Todesgefahr nicht vorüber, holt dieselbe Kutsche Fridolin ungerufen wieder ab. Wie von Zauberhand öffnen sich die Türen auf freiem Feld, und, ohne dass der Kutscher Notiz von Fridolin nimmt, verschwindet die Kutsche in der dunklen Nacht.

Nacht im Leichensaal

Noch einmal taucht Fridolin ein in ein nächtliches Abenteuer auf der Suche nach der toten Baronin. Im Schein flackernder Gaslampen sucht er in der schwach beleuchteten Leichenhalle zwischen Leichentischen, auf denen nackte Körper unter Leichentüchern liegen, nach seiner unbekannten Retterin. Im Schein der grellen Taschenlampe von Dr. Adler betrachtet Fridolin das Gesicht und den Körper der toten Selbstmörderin. Gespenstisch präpariert die Lampe das bläuliche Zahnfleisch der Toten und das weiße Gesicht der Frau aus dem Dunkel heraus.

Blicke

Der ärztliche Blick

Immer wieder betrachtet Fridolin mit einem scharfen, kontrollierenden Blick seine Umgebung. Es ist häufig ein ärztlicher Blick, mit dem er selektiv und besonders aufmerksam Details wahrnimmt. So fallen ihm die „hässlichen weißbehaarten Ohren" (11/17) von Mariannes Vater auf, und er beobachtet, dass Mariannes Hals „nicht ganz faltenlos und von gelblicher Tönung" (12/6) ist.

Der kontrollierende Blick

Während Marianne ihm ihre Liebe gesteht, flößen ihm „der Anblick des glanzlosen Haares, der süßlich fade Geruch ihres ungelüfteten Kleides einen leichten Widerwillen ein" (15/19). Der kontrollierende Blick zeichnet sich durch eine distanzierte Haltung aus. So beobachtet er die lebhaft von ihrer Vergangenheit sprechende Marianne mit ärztlich differenziertem Blick und diagnostiziert „Spitzenkatarrh vermutlich" (13/19). Später erweitert er seine Diagnose: „Natürlich ist auch Hysterie dabei." (15/4)

Das erste Auftreten von Nachtigall wird aus dem Blickwinkel Fridolins geschildert. Rasch erfasst dieser Nachtigalls Haare, die ungepflegte Kleidung, die falschen Brillantknöpfe, die geröteten Augenlider.

Besonders ausgeprägt ist dieses Motiv des Sehens, der

Blicke und der Blickkontakte auf dem Maskenball, und noch einmal tritt es deutlich hervor, als Fridolin sich in der Anatomie über die tote Fremde beugt, „als könnte sein bohrender Blick den starren Zügen eine Antwort entreißen." (76/36 f.) Dann fährt „sein Blick den toten Körper" entlang (77/5) und prägt sich Details der Toten ein.

Der bohrende Blick

Fridolins Hang zu jungen Mädchen

Fridolin fühlt sich von sehr jungen Mädchen ungemein angezogen. Auch seine spätere Frau ist erst 16 Jahre alt, als Fridolin sich mit ihr verlobt. Offensichtlich reizen ihn die Unerfahrenheit, die gerade erwachende Sexualität und das Gefühl, diesen Frauen überlegen zu sein. Umso verwirrter ist Fridolin, als er erkennen muss, dass seine Vorstellungen weder bei Albertine noch bei den anderen jungen Frauen zutreffen. Albertine gesteht ihrem Mann, dass sie sich ihm sofort beim ersten Treffen aus tiefer Liebe hingegeben hätte, was diesen sichtlich verstört. Sie beunruhigt ihn weiterhin mit ihren Erzählungen von der Begegnung mit dem dänischen Offizier am Strand, der ihre sexuellen Wünsche angestachelt hat. Schließlich stößt ihn Albertines Traum von ausgelebter Sexualität so ab, dass er glaubt, seine Frau zu hassen. Albertine entlarvt tatsächlich Fridolins Doppelmoral, die für sich in Anspruch nimmt, die Sexualität von Frauen zu beanspruchen, ihnen jedoch keine autonome Sexualität zuzusprechen.

Reiz der Unerfahrenheit

Die zweite Begegnung mit einem kindlich unschuldigen Mädchen kommt zufällig frühmorgens am Strand in Dänemark zustande. Ein etwa fünfzehnjähriges, nacktes Mädchen „mit aufgelöstem blonden Haar, das über die Schultern und auf der einen Seite über die zarte Brust herabfloss" (7/8 f.) tritt ihm unverhofft an einer Badehütte entgegen. Nur ihre gebieterische Geste und ihr flehender Blick halten Fridolin vor einer weiteren Annäherung ab. Nicht ihr unschuldiges Wesen, ihre Unberührtheit oder Kindlichkeit halten Fridolin zurück, sondern ihre unmissverständliche Zurückweisung einer sexuellen Begegnung.

Das junge Mädchen am dänischen Strand

Die junge Prostituierte Mizzi

Auf seinem Weg durch die Nacht trifft Fridolin auf eine junge Prostituierte. Sein Blick fällt auf ein „zierliches, noch ganz junges Geschöpf, sehr blass mit rot geschminkten Lippen." (20/22 f.) Sie gibt an, 17 Jahre alt zu sein. Obwohl Fridolin trotz ihrer Jugend an einen möglichen Tod durch Ansteckung denkt, folgt er ihr wie im Traum. Mizzi steht mit ihren leuchtend roten Lippen für Lust und Gefahr, zugleich aber verkörpert sie den Objektcharakter von Frauen, den Fridolin unreflektiert akzeptiert. In seinem Bild von Frauen gibt es nur die Alternative von Dirnen und gesellschaftlich angepassten Ehefrauen, deren Sexualität gezähmt ist. Mizzis einfallslose Verführung vermag Fridolin nicht zu reizen. Erst als er voller Scham erkennen muss, dass Mizzi seine verborgenste Eigenschaft, seine Feigheit, durchschaut hat, bricht die sexuelle Hemmung zusammen; nun aber verweigert sich das junge Mädchen.

Der Selbstmord eines jungen Mädchens

In der Zeitung wird Fridolin später auf den Bericht eines Eifersuchtsdramas zweier Prostituierten stoßen. Vor allem aber beschäftigt ihn der Selbstmord eines jungen Mädchens mit Sublimat. Als Arzt kennt er den qualvollen Tod durch das giftige Quecksilbersublimat, und er bedauert das Mädchen. Aus ärztlicher Erfahrung weiß er, dass mit diesem Mittel in verdünnter Form Geschlechtskrankheiten behandelt werden, und die Erinnerung an Mizzi wird geweckt.

Pierrette

Im Kostümfundus von Gibiser trifft Fridolin schließlich erneut auf „ein anmutiges, ganz junge Mädchen, fast noch ein Kind, im Pierrettenkostüm mit weißen Seidenstrümpfen" (32/10 f.). Er glaubt dieses verkleidete Mädchen vor Unheil schützen zu müssen. Nicht nur die weißen Strümpfe, sondern auch ihre weiße Kostümperücke, die ihr der Vater entrissen hat, signalisieren dem begehrlichen Fridolin Unschuld und Schutzbedürfnis. Erst am nächsten Tag wird er erfahren, dass sich dieses Mädchen – offensichtlich mit Zustimmung des Vaters – prostituiert.

Natur als Spiegel der inneren Stimmung

Je weiter Fridolin sich aus dem Umkreis seiner bürgerlichen Existenz entfernt, desto deutlicher scheint sich die Luft zu erwärmen und frühlingshafter zu werden. Seine innere Anspannung, seine Erregung und seine sexuellen Phantasien beeinflussen offenbar seine Wahrnehmung. Hatte die Rückfahrt von dem ersten Maskenball noch in Schneegestöber und im tiefen Schnee stattgefunden (14/23 f.), so ist am folgenden Abend „plötzlich Tauwetter eingetreten, der Schnee auf dem Fußsteig beinahe weggeschmolzen, und in der Luft wehte ein Hauch des kommenden Frühlings.“ (11/1 ff.)

Tauwetter

Als er das Fenster im Zimmer von Marianne öffnet, scheint es Fridolin, dass es „noch wärmer und frühlingshafter geworden“ ist. Dennoch wird das Trügerische dieses Frühlingseinbruchs deutlich. Paare sitzen „aneinander geschmiegt, als wäre wirklich schon der Frühling da und die trügerisch wärme Luft nicht schwanger von Gefahren.“ (17/15 ff.)

Trügerische Wärme

Nach seiner Begegnung mit der jungen Prostituierten stellt er fest, dass es jetzt noch etwas wärmer geworden ist. Der laue Föhnwind bringt „in die enge Gasse einen Duft von feuchten Wiesen und fernem Bergfrühling.“ (23/2 f.) Auf der Fahrt zu der geheimnisvollen Villa schließlich scheint sich die Luft erneut ungewöhnlich erwärmt zu haben. Schließlich endet Fridolins nächtliche Odyssee in jenem Ballsaal, der ihn durch seinen „fremdartige[n], schwüle[n] Wohlgeruch, wie von südländischen Gärten“ (37/10 f.) überrascht.

Erst nachdem man Fridolin auf freiem Feld mitten in der Nacht ausgesetzt hat, wird die Kälte wieder spürbar, und er findet sich im Schnee wieder, „der ringsum eine blasse Helligkeit verbreitete“ (46/28). Die erhitzte Spannung der Abenteuer geht über in kalte Desillusionierung.

Rückkehr der Kälte

Farben

Rot ist einerseits die Farbe des Lebens, der Leidenschaft, der Erotik und der Liebe, auf der anderen Seite steht sie

Erotik, Liebe, Sünde, Blut, Gefahr – die Farbe Rot

für Sünde, Blut und Gefahr. So taucht diese Farbe auch immer wieder in Zusammenhang mit sinnlichen und erotischen Begegnungen, aber auch in Gefahrensituationen auf.
Auf dem ersten Maskenball verheißen zwei rote weibliche Dominos, die Fridolin ansprechen, ein mögliches erotisches Abenteuer. An der Prostituierten Mizzi stechen ihm zunächst die „rotgeschminkten Lippen" (20/23) im blassen Gesicht ins Auge, später wird er feststellen, dass ihre Lippen „von einem natürlichen Rot gefärbt" (21/21 f.) sind. Aber nur scheinbar signalisiert das Rot Lust und Leben, tatsächlich ist die junge Frau schon vom Tod gezeichnet. Bei dem geheimen Ball fällt Fridolin sofort der blutrote Mund (37/34) einer Unbekannten auf, der durch dunkle Spitzen hindurchschimmert, als sie ihn warnt. Nicht die Warnung aber nimmt Fridolin wahr, sondern das Rot der Lippen verheißt ihm ein sexuelles Erlebnis. Und auch diese Frau ist wegen ihrer Opferbereitschaft vom Tod gezeichnet.
In Albertines Traum erscheint die Fürstin, die Fridolin begnadigen und für sich haben will, „an einem hohen Bogenfenster zwischen roten Vorhängen" (54/2 f.) und trägt wie der Märchenprinz am Anfang einen „Purpurmantel" (8/1 und 54/4), während Fridolin in „einen schwarzen Mantel gehüllt" (54/13) ist. Die Farbmetapher Rot wird danach das Bild des blutenden und ausgepeitschten Fridolin bestimmen (54/27 f. und 55/6 f.).
Die Männer zeigen sich beim Ball plötzlich in bunter Kavalierskleidung, deren Farben einerseits an vergangene Begegnungen erinnern: weiß – Perücke der Pierrette; gelb – die Handtasche des Dänen; blau – die Farbe des kooperierten Studenten, der Fridolin anrempelt. Andererseits tragen sie auch ihre eigene symbolische Bedeutung. So steht Gelb für Glück (Gold); vor allem aber wird das Abwertende und Sinnliche betont, in Rom galt Gelb als Dirnenfarbe, im Mittelalter war Gelb das Kennzeichen der gesellschaftlich Verfemten (Dirnen, Verräter, Ketzer, Juden). Möglicherweise lässt die Farbwahl aber auch eine politische Deutung zu: Schwarz, Rot, Gelb

Farben als politische Anspielung

(= Gold) waren die Farben der national-konservativen und antisemitisch orientierten Deutschnationalen Partei, die sich für einen Anschluss Österreichs an Deutschland einsetzte.

Der Maskenball ist zu Beginn durch schwarze Kleidung, einen schwarz verhängten Saal und dämmriges Licht gekennzeichnet. Die dominierende Farbe Schwarz ist in ihrer Symbolik der Finsternis, dem Bösen und der Todesverheißung zugeordnet. Bei der Wende des Maskenballs zum enthemmten Tanz behalten die Frauen nur ihre schwarzen Schleier und ihre „schwarzen Spitzenlarven“ (38/15 f.) an.

Nacht, Tod, Unheil, Geheimnis – die Farbe Schwarz

Die schwarze Kutsche mit dem unnahbaren Kutscher verschwindet in der undurchdringlichen Schwärze der Nacht und der Schlucht, um später geheimnisvoll wieder aufzutauschen.

Letztlich ist jedoch nicht allein die Farbe Schwarz das Zeichen des Todes, sondern auch die Farbe Weiß, wie man am weißen Antlitz der toten Unbekannten erkennt, in deren Mund Fridolin „eine Reihe weißer Zähne“ (76/29 f.) sieht.

Der Däne und die gelbe Tasche

In Erinnerung an den Fremden in Dänemark, in den sich Albertine kopflos verliebt hat, nennt sie ein wichtiges Erkennungszeichen dieses Mannes, seine gelbe Handtasche. Als Fridolin Marianne umarmt und sie „unwillkürlich“ (15/9) küsst, denkt er an Albertine und auch an diesen „Herrn in Dänemark mit der gelben Reisetasche“ (15/16 f.). Während „Bitterkeit“ (15/15) in ihm aufsteigt, versucht er vergeblich in der Umarmung Erregung zu empfinden.

Fridolins Erinnerung an den Dänen

Noch einmal wird das Motiv wiederholt, als Albertine schildert, wie Fridolin in ihrem Traum die schönsten Dinge einkauft und diese in „eine kleine gelblederne Handtasche, in der doch alles Platz fand“ (52/29 f.), steckt. In diesem Moment sind die beiden Liebesobjekte, Fridolin und der unbekannte Fremde, durch das Symbol der gelben Tasche miteinander verbunden.

Märchenmotive

Der einsame Märchenprinz

Das Märchen zu Beginn der Novelle führt in einige wichtige Motive des Textes ein. Im Zentrum der Novelle steht Fridolins märchenhafte, unwirkliche Reise durch die Nacht, die trotz mehrerer Begegnungen mit Menschen dieselbe Einsamkeit enthüllt wie die des Prinzen. Ähnlich wie dieser wird er – wenn auch nicht in einer Galeere, sondern in einer Kutsche – einsam und allein in der Nacht zu einem Treffen gefahren. Wie im Märchen öffnen sich die Türen dieser Kutsche wie von Zauberhand. Auch die kleine Pierrette nimmt das Märchenmotiv des Prinzen wieder auf, indem sie darauf hinweist, dass Fridolin das Gewand des Prinzen aus dem Fundus ihres Vaters wie auf den Leib geschnitten sei. Schließlich träumt Albertine, dass „Galeerensklaven“ (51/7) Fridolin, der in Gold und Seide gekleidet ist, zu ihr gerudert hätten. Traum und Märchen rücken zusammen und spiegeln die heimliche Sehnsucht nach einem Märchenprinzen. Der äußeren Reise Fridolins durch die Nacht entspricht Albertines innere geträumte Reise, deren Erzählung zur Entfremdung von Fridolin führt, denn Fridolin spürt deutlich die verborgenen und uneingestandenen Wünsche Albertines.

Auch andere Ereignisse und Personen zeigen märchenhafte Anklänge. So erinnert das junge Mädchen, das Fridolin an der Hütte am Meer trifft, mit seiner kindlichen Nacktheit und den lang über die Schulter fallenden Haaren an die kleine Meerjungfrau aus dem gleichnamigen Märchen von Andersen.

6. Figurenkonstellation

Zunächst hatte die Novelle den Arbeitstitel *Doppelnovelle*. In der Endfassung bilden die beiden Ebenen, Traum und Wirklichkeit, trotz des Kontrasts eine ineinander verflochtene Einheit. Die inneren Bilder, die Träume, Wünsche und Sehnsüchte, durchdringen dabei die äußere Handlung. Zugleich spiegelt sich die Anlage der *Dop-*

pelnovelle in den beiden Hauptpersonen wider: Fridolins Erlebnisse spielen sich, trotz der traumverhafteten Elemente, auf der Ebene einer räumlichen und zeitlichen Wirklichkeit ab. Diesen realen Begegnungen Fridolins stehen Albertines Träume, die ihrerseits wirkliche Ereignisse aufgreifen, gegenüber.
Zu den beiden Hauptpersonen gesellen sich Randfiguren, die vor allem Fridolins Weg durch die Nacht begleiten und seiner inneren und äußeren Gefährdung zugeordnet werden können.

6.1 Fridolin

Der fünfunddreißigjährige Fridolin arbeitet als Assistenzarzt in einer Poliklinik und fühlt sich dann „beinahe glücklich", wenn er in Abwesenheit des Chefarztes „von den Studenten gefolgt, von Bett zu Bett" (60/12 f.) gehen kann. Seine „Neigung zu einer behaglicheren Existenz" (14/6) hat seine akademische Laufbahn vereitelt. Als er sich nun noch eingesteht, dass er keine Chancen hat, eine Abteilung zu übernehmen, weil ihm „die Dozentur fehlt" (60/25), überlegt er eher halbherzig, „manches Begonnene mit größerem Ernst" (60/27) wieder aufzunehmen. Doch sogleich überlässt er einem Kollegen die Arbeit in der Ambulanz, um auf den Galitzinberg zu fahren.
Fridolin scheint glücklich verheiratet. Zärtlich und liebevoll wendet er sich seiner kleinen Tochter zu, ebenso scheint er tiefe Liebe zu seiner Frau zu empfinden. Albertine ist „kaum siebzehn" (9/10), als sie sich mit Fridolin verlobt, natürlich ist sie „noch jungfräulich" (9/13 f.), doch schon ihr Hinweis darauf, dass sie sich an dem schönen Sommerabend ihres ersten Treffens aus Liebe auch schon vor der Ehe Fridolin hingegeben hätte, verstimmt diesen. Sein bürgerlich-patriarchalisches Denken erlaubt ihm nicht einmal dieses Zeugnis von Liebe zu akzeptieren. Seine zukünftige Frau muss als Jungfrau in die Ehe treten. Er hingegen nimmt für sich in Anspruch, Geliebte gehabt zu haben.

Fridolins patriarchisches, bürgerliches Denken

Nach Albertines Erzählung ihres Traumes, in dem sie freizügig mit einem Unbekannten sexuell verkehrt, empfindet Fridolin Hass. Seine gesellschaftlich geprägte Einstellung zur Sexualität der Frau wird durch Albertines freimütige und vorbehaltlose Erzählungen tief erschüttert. Er glaubt plötzlich, dass alle Frauen gleich seien, Verführerinnen und Dirnen.
Aber die Freizügigkeit, mit der Fridolin selbst erotische Abenteuer sucht, belegt deutlich, dass er offenbar überzeugt ist, dass den Männern das Sammeln von sexuellen Erfahrungen gestattet ist, während dies bei Frauen eine unerhörte Grenzüberschreitung darstellt. Doch seine geheimen Wünsche und die Begegnungen mit Frauen scheitern allesamt. Dabei sind es Zufälle, seine Scham, die Opferrolle von Frauen (Mizzi, die Unbekannte) und die Konfrontation mit der überraschenden Wirklichkeit (Pierrette), die seine Triebhaftigkeit bremsen.
Zudem brechen immer wieder Ängste durch, die Fridolin verunsichern: sei es bei der Begegnung mit den Korps-Studenten, bei der Fahrt zum Maskenball oder auf dem Heimweg bei der Begegnung mit einem fremden Mann.
Nach der letzten Begegnung mit Marianne fühlt er selbst, dass er ungeschickt ist, dass ihm nichts gelingt. Alles wird ihm „unwirklich" (67/26). In diesem Zustand überkommt ihn der Gedanke einer Flucht aus seiner jetzigen Existenz. Letztlich formuliert er eine existenzielle Frage für sich, die beweist, dass Fridolins Denken und Handeln von Ängstlichkeit geprägt ist: „Und war es gerade das, worauf es ankam: Gefahren zu entgehen?" (69/33 f.)
Erst die Rücksichtnahme seiner Frau, als er die Maske auf seinem Bett entdeckt, lässt ihn zu sich selbst kommen. In diesem Moment hat er die Maske und die Rolle des Verführers abgelegt, eine Rolle, der er letztlich nicht gewachsen ist. Er wollte eigentlich

Fridolins eigenes Wunschbild

> „verraten, betrügen, lügen, Komödie spielen, da und dort, vor Marianne, vor Albertine, […] eine Art von Dop-

> pelleben führen, zugleich der tüchtige, verlässliche, zukunftsreiche Arzt, der brave Gatte und Familienvater sein – und zugleich ein Wüstling, ein Verführer, ein Zyniker" (65/13 ff.).

Fridolins Scheitern

Fridolin ist weder der brave Hausvater noch der Lüstling, der er sein möchte: Er ist furchtsam, ängstigt sich vor einem Duell und einem kranken Kind; er belügt seine Frau, vor allem aber fällt seine Überheblichkeit auf, mit der er seine sexuellen Möglichkeiten reflektiert, dann aber als gescheiterter Verführer (Marianne), missglückter Retter (Pierrette), furchtsamer Freier (Mizzi) und vertriebener Held (auf dem Ball) zu seiner Frau heimkehrt. Fridolins Wirklichkeit ist bescheidener als seine Wunschträume.

Längst hat Albertine sich auch mit der wenig motivierten Arbeitshaltung ihres Mannes abgefunden. Sie streicht ihm, als er ihr in heiterer, erregter Laune seine neuen Ideen zu einer besseren beruflichen Perspektive eröffnet, mit „milder Hand" (64/15) über den Kopf. Sie weiß zu genau, dass diese Stimmung „nicht allzu lange anzuhalten pflegte" (64/11 f.). Wenn ihm in diesem Augenblick ihre Berührung peinlich ist, so ist dies auch darauf zurückzuführen, dass er seine Frau zuvor sowohl im Gespräch als auch mit seinen Handlungen hintergangen hat. Er spielt seiner Frau den heiteren Ehemann vor, obgleich er über das Schicksal der Unbekannten nachdenkt; er speist sie zudem mit nebensächlichen Erlebnissen aus der Klinik ab, obwohl er heimlich sein Mönchskostüm bei Gibiser abgegeben und dabei Pierrette wiedergesehen hat.

6.2 Albertine

War Albertine bei ihrer Verlobung noch keine 17 Jahre alt, so kann vermutet werden, dass sie nun ungefähr 27 Jahre alt ist, etwa so alt wie auch Marianne. Sie ist damit um einige Jahre jünger als Fridolin. Offensichtlich hat Albertine keine weiteren Verpflichtungen als „Hausfrau- und Mutterpflichten" (4/22 f.), zudem gehen ihr ein

Kindermädchen und ein Stubenmädchen zur Hand. Ihr Erlebnishorizont scheint vor allem auf die Pflichten einer treusorgenden Arztgattin beschränkt zu sein.
Ihre liebevolle Zuwendung zu ihrem Mann kann jedoch ihre sinnlichen Sehnsüchte und ihre unterschwelligen Wünsche nicht verdecken. Das Treffen mit dem Dänen verdeutlicht, dass sie spürt, dass ihr Leben an starre Konventionen gebunden ist. Sofort wäre sie bereit gewesen, dem Dänen als Geliebte zu folgen. Mit ihrem Mann empfindet sie in diesem Moment nur noch „viel schmerzliches Mitleid" (6/9), dennoch atmet sie auf, als der herbeigesehnte Mann nicht mehr erscheint, sie also nicht wirklich vor eine Lebensentscheidung gestellt wird.

Albertines Leben in Konventionen

Nur einmal brechen aus Albertine ihre unterdrückten Gefühle hervor. Nachdem sie mit einer gewissen unterschwelligen Drohung den Namen einer Jugendliebe Fridolins ausgesprochen hat, sucht dieser sie männlich-überheblich zu beruhigen. Er versucht ihr einzureden, dass er in allen Frauen doch nur Albertine suche, und fügt hinzu: „Das weiß ich besser, als du es verstehen kannst, Albertine." (8/32 f.) In diesem Augenblick wird ihr Blick „kühl und undurchdringlich" (8/36), und sie erwidert: „Ach, wenn ihr wüsstet" (9/2). Indem sie nun nicht nur Fridolin anspricht, macht sie deutlich, dass sie die Verlogenheit und die Überheblichkeit sexueller männlichen Freizügigkeit durchschaut hat.

Erfüllung der sexuellen Wünsche im Traum

Albertines unterdrückte Sinnlichkeit

Erst in ihrem sexuell überladenen Traum erlebt sie die Erfüllung der geheimen Wünsche, die sie sich in ihrer familiären Wirklichkeit nie eingestanden hätte. Ihre Erzählung dieses Traumes ist für sie aber auch ein ehrliches Sich-Öffnen gegenüber Fridolin, den sie auf diese Weise mit ihrer inneren und unterdrückten Sehnsucht konfrontieren und zur Akzeptanz ihrer unerfüllten Sinnlichkeit nötigen will. Das Hassgefühl, das Fridolin nach dieser Erzählung überfällt, beweist, dass er durchaus verstanden hat, dass er das Bild seiner Ehefrau um deren wirkliche Sehnsüchte verkürzt hat und dass er nicht ihrem Wunschbild entspricht.

Albertine gelingt es zum Schluss durch ihre abwägende Klugheit, die Brüchigkeit der Beziehung zu kitten. Sie macht Fridolin keinerlei Vorwürfe, obgleich sie seine nächtlichen Abenteuer erahnt. Sie zeigt symbolhaft, indem sie die Maske neben sich bettet, dass sie Fridolin demaskiert hat, zugleich aber eröffnet sie ihrem Ehemann die Möglichkeit, seine Erlebnisse zu erzählen.

6.3 Nebenfiguren

Die Tochter

Die Tochter als Rahmenfigur der Novelle

Die sechsjährige Tochter, blond, gehorsam und ruhig (vgl. 3/8 ff.), kann als Figur gesehen werden, die den Rahmen der Novelle bildet. Am Anfang und am Ende steht sie im emotionalen Mittelpunkt der Eltern. Sie tritt aber auch als Vorleserin am Anfang auf und gibt den erzähltechnischen Rahmen vor: die träumerische, unwirkliche Stimmung mit dem Märchenprinzen im Zentrum.
Zu seiner Tochter fühlt sich Fridolin hingezogen, er küsst ihre Stirn, als er sie schlafend findet (57/7), während er zugleich seine Frau wie eine Todfeindin (56/22) zu sehen glaubt. Als Albertine ihm, nachdem er seine Idee vorgetragen hat, die wissenschaftliche Arbeit wieder aufzunehmen, beruhigend über die Stirn streicht, ist ihm die Berührung peinlich. Er wendet sich seiner Tochter zu (64/16). Als er kurze Zeit später nach seiner Sprechstunde noch einmal nach Albertine und seiner Tochter schaut, findet er eine fast idyllische Situation vor: Albertine hat Besuch von ihrer Mutter und die Tochter lernt mit dem Fräulein Französisch. Auf der Treppe aber, auf dem Weg zu seinem „Rachewerk“ (65/9 f.), glaubt er resignierend, dass „all diese Ordnung, all dies Gleichmaß, all diese Sicherheit seines Daseins nur Schein und Lüge zu bedeuten hatten.“ (64/34 ff.)
Am Ende der Novelle scheint diese resignative Stimmung aufgehoben. Für Albertine und Fridolin beginnt nach Fridolins Geständnis ein neuer Tag „mit einem sieghaften Lichtstrahl durch den Vorhangspalt und einem hellen Kinderlachen“ (81/34 f.) der Tochter. So wie am An-

fang der märchenhafte Ton angeschlagen wurde, beendet ein frohes Kinderlachen die Nachtseiten des Daseins von Fridolin und Albertine.

Der aufdringliche Student

Wie rasch Fridolin sein inneres Gleichgewicht verliert, beweist sein Zusammenstoß mit einem Studenten aus einer Verbindung. Innerlich nach dem Abschied von Marianne erregt, nimmt er diese Rempelei so ernst, dass er kurze Zeit versucht ist, „den Burschen zu stellen" (19/4), was auf eine Duellforderung hinausgelaufen wäre, wie Fridolin genau weiß. In diesem Moment fällt ihm ein unangenehmes Erlebnis mit einer jungen Frau ein, bei dem er befürchtet hatte, in ein Duell hineinzugeraten (vgl. 19/5 f.). Den Selbstvorwurf, feige gehandelt zu haben, verwirft Fridolin sofort damit, dass er sich als fünfunddreißigjähriger, verheirateter Arzt mit Kind kein Duell mit der Gefahr einer Verletzung erlauben könne. Doch diese Beruhigung genügt offensichtlich nicht, den eigenen Eindruck von Feigheit völlig zu entkräften. So ruft sich Fridolin in Erinnerung, dass er nicht nur „[d]rei Säbelmensuren […] ausgefochten" (19/20) hat, sondern auch zu einem Pistolenduell bereit gewesen sei. Und letztlich hält er sich zugute, dass ein Beruf viele Gefahren mit sich bringe, etwa, dass ein „diphtheritiskranke[s] Kind ihm ins Gesicht gehustet" (19/25 f.) hat.

Furcht vor dem Duell

Ähnlich wie in der Novelle *Leutnant Gustl* erlebt der Leser die Selbstrechtfertigung Fridolins für sein Handeln und kann an seinen Erinnerungen und Gedanken teilnehmen (vgl. Erzähltechnik, S. 142 ff.).

Nachtigall

Nachtigall – die Kontrastfigur zu Fridolin

Nachtigall, Sohn eines jüdischen Branntweinschenkers (25/15) aus einem kleinen polnischen Dorf, der sich mit Klavierspielen durchschlägt, verkörpert das, was Fridolin sich manchmal erträumt. Er demonstriert Unabhängigkeit, ist zwanglos, in Gesellschaften gelegentlich frech und unbeherrscht und nimmt offenkundig an aufregen-

den Festen teil, die im deutlichen Gegensatz zu Fridolins und Albertines Ballerlebnissen stehen. Zwar ist auch er verheiratet und hat vier Kinder, doch spielt er nicht die Rolle des braven Ehemannes, der seine Familie mit einem konventionellen Beruf ernährt, sondern scheint auf anderem Weg so gut zu verdienen, dass er Fridolin Schulden zurückzahlen kann.
Nachtigalls Erzählungen von geheimen, erotisch aufgeladenen Bällen und seine – wohl nicht ganz ernst gemeinte – Einladung mitzukommen sind der Impuls für Fridolin, nach den vergeblichen Abenteuern zuvor nun an einem wirklich erregenden Ereignis teilzunehmen.
Nachtigalls Verschwinden ist ebenso geheimnisvoll wie das Verschwinden der Baronin aus dem Hotel und verdeutlicht die Gefahr, in der sich auch Fridolin befunden hat.

Marianne, Mizzi und Pierrette – erotische Vorstufen des Balls

Marianne

Marianne gegenüber, die etwa 27 Jahre alt ist, fühlt sich Fridolin überlegen, da sie ihm ihre Liebe gesteht und er aus der Distanz des Arztes ihre Vergänglichkeit zu erkennen glaubt. Nur in der Vorstellung als seine Geliebte blüht sie ein wenig auf. Mit einem gewissen Widerwillen verlässt er Marianne, sucht sie dann jedoch noch einmal auf, um sie zu verführen. Mit ihrer Verführung glaubt er, ohne „Aufwand besonderer Mühe“ sein „Rachewerk beginnen“ (65/9 f.). zu können, „hier gab es für ihn keine Schwierigkeiten, keine Gefahr“ (ebd). Doch Fridolin versagt bei diesem Treffen, er wirkt völlig unsicher und aus Furcht, Marianne könne ihr Liebesgeständnis wiederholen, wendet er sich brüsk von ihr ab. Vor dem Tor überkommt ihn so etwas wie Reue, doch aus Angst, sich lächerlich zu machen, kehrt er nicht mehr um.
Es sind zunächst vor allem die Jugend und der leuchtend rote Mund, die Fridolin veranlassen der jungen Prostituierten Mizzi (vgl. auch S. 124) zu folgen. Zwar warnt ihn sein Verstand vor Tod und Ansteckung. Doch in seiner sich steigernden Triebhaftigkeit folgt Fridolin seinem

Verstand nur so lange, bis er sich von Mizzi durchschaut glaubt, und diese ihm Furchtsamkeit unterstellt. Als Fridolin sich nun erregt dem jungen Mädchen nähern will, verweigert sich Mizzi. Sie weiß um ihre Geschlechtserkrankung. Erst später wird Fridolin erfahren, dass diese junge Prostituierte ihn auf seiner abenteuerlichen Reise durch die Nacht vielleicht das erste Mal gerettet hat.

Das Opfer der Prostituierten Mizzi

Beim Abschied glaubt Fridolin noch, das Geschehen in der Hand zu haben. Er verabschiedet sich mit einem Handkuss und möchte damit seine männliche Überlegenheit demonstrieren, ebenso wie in seinen Gedanken, „dem lieben armen Ding [...] Wein und Näschereien heraufzuschicken" (22/28 f.).

Pierrette

Pierrette ist die dritte weibliche Person, die Fridolins Erregung steigert. Sie ist noch jünger als Mizzi. Als sie sich wie hilfesuchend an ihn schmiegt, erregt ihn der Körperkontakt so, dass er am liebsten „die Kleine gleich mitgenommen [hätte], wohin immer – was immer daraus gefolgt wäre" (32/31 f.). Letztlich wird er aber auch von Pierrette enttäuscht, als sich herausstellt, dass sie ihre sexuelle Attraktivität finanziell nutzt.

Drei potenzielle Verführerinnen

Die drei Frauen sind potenzielle Verführerinnen, mit denen er glaubt, Albertine betrügen zu können, um sich für ihr Traumgeständnis zu rächen. Seinen sexuellen Trieb setzt er gegen ihr verschlüsseltes Wunscherlebnis. Wie eng diese weiblichen Figuren letztlich zu dem Ball, aber auch zu Albertine gehören, belegt eine Passage, die Schnitzler in seinem Typoskript von1922/23 gestrichen hat:

> Und begleitet von der jauchzenden Musik Nachtigalls, der drin am Klavier sitzend, mit verbundenen Augen in den Spiegel starrte, in dem die Frauenleiber in den Armen ihrer Ritter umherwirbelten, – wie er nun unwillkürlich die Augen schloss, schwebte eine Gestalt nach der anderen an ihm vorüber, jede mit einem sonderbaren Ausdruck des Spotts in den Mienen, – die Nackte zuerst mit dem glühroten Mund, [...] dann die zarte Pierrette von den Fehmrichtern verfolgt – das arme Dirnchen im roten Schlafrock – Marianne in düsterer Trauerkleidung und endlich, als gehörte sie in den

Zug, Albertine in dem weissen Strandkostüm, das sie am dänischen Ufer getragen […].“ (Zit. nach: Heizmann, 2006, S. 39 f.)

Gibiser, die Femerichter, die beiden unbekannten Männer – das Umfeld des geheimnisvollen Balls

Das Doppelspiel des Kostümverleihers Gibiser

Gibiser erscheint zunächst wie die Parodie des Prinzen aus *Tausendundeine Nacht* im Märchenbuch der kleinen Tochter Fridolins in einen „altmodisch geblümten Schlafrock“ (31/11 f.) gekleidet und trägt dazu eine türkische Mütze mit einer Troddel auf dem Kopf. Als erwarte er Fridolin, ist er auch mitten in der Nacht bereit, diesem ein Kostüm zu leihen. Überrascht scheint Gibiser allerdings, als er seine Tochter, die das Kostüm einer weiblichen komischen Figur mit weiß gepudertem Gesicht und einer weißen Perücke trägt, in Begleitung von zwei als Femerichter verkleideten Männern, bei einem Gelage erwischt. Er bezeichnet sie als wahnsinnig und verworfen und sperrt sie in einem Zimmer ein. Der Zorn über seine Tochter und die unbekannten Männer erscheint Fridolin so bedrohlich, dass er dem Kostümverleiher anbietet, seiner Tochter als Arzt zu helfen. Doch Gibiser lacht ihn höhnisch aus, als habe er Fridolins wahren Grund für dieses Angebot durchschaut.
Tatsächlich macht er Fridolin am folgenden Tag ein zweideutiges Angebot, nachdem deutlich geworden ist, dass Gibiser seine minderjährige Tochter zur käuflichen Liebe anhält. Und damit ist aus dem skurrilen Kostümverleiher ein hinterhältiger, gewissenloser und widerlicher alter Mann geworden.

Die Femerichter

Auch die rot maskierten Femerichter in ihren roten Kostümen wirken wie Vorboten des Balls. Zunächst scheinen sie unbefugt – wie später Fridolin beim Ball – mit der Tochter zusammen zu sein. Gibiser droht ihnen sogar mit der Polizei, doch Fridolin muss am nächsten Tag entdecken, dass offenbar das kleine Gelage der beiden Femerichter mit Pierrette nur die Vorstufe zu einer sexuellen Begegnung war.

Die unbekannten Abgesandten der geheimen Gesellschaft

Die Anonymität und das Unheimliche des Maskenballs und die Gefahr, die von dieser Männerwelt ausgeht, werden durch die Todesumstände der angeblichen Baronin Dubieski verdeutlicht, hinter der sich wahrscheinlich Fridolins Retterin verbirgt. Nur wenige Stunden, nachdem diese um vier Uhr nach Hause gekommen ist, fragen zwei unbekannte Männer nach ihr. Als man dann den Selbstmordversuch der Baronin entdeckt, sind die beiden Unbekannten wieder verschwunden.
Auch Nachtigalls übereilte Abreise aus seinem Hotel wird durch zwei Herren, die sich „absichtlich beinahe unkenntlich gemacht" (57/28) haben, veranlasst. Nachtigalls Rechnung für die letzten vier Wochen wird von ihnen beglichen, zugleich verhindern sie aber auch, dass Nachtigall dem Portier einen Brief übergeben kann.

Die geheime Gesellschaft

Die klar strukturierte Geheimgesellschaft

Die Vorherrschaft der Männer

In ihrer Maskenwelt bleiben die Teilnehmer des geheimen Balls anonym. Selbst die entkleideten Frauen geben nichts von sich preis, denn bei höchster Strafe ist es verboten, die Gesichtsmaske fallen zu lassen und damit als Individuum wiedererkennbar zu werden. Dennoch zeigt diese anonyme Gesellschaft eine klare Struktur und Hierarchie, die sich in dem Ritual des Abholens von Nachtigall, den Einlassritualen, der Musikabfolge, der Hierarchie der Kavaliere, an deren Spitze „der Einzige in weißer Tracht" (41/10) steht, vor allem aber in der Dominanz der Männer gegenüber den unbekleideten Frauen zeigt. Auch die Kostüme und das Fallenlassen der Nonnenkleidung beweisen die straffe Organisation dieses Balls. Männer sind in diesem Kreis die Herrschenden, die Frauen sind ihnen schutzlos ausgeliefert, so haben sie sich auch in den Nebenraum zurückzuziehen, als man gegen Fridolin vorgeht.

Verhöhnung christlicher Werte

Die anfänglich getragenen Nonnen- und Mönchskostüme sind zynische Anspielungen auf christlich-religiöse Gemeinschaften. In der blasphemischen Verhöhnung sittlicher Werte charakterisiert sich diese geheime Gesellschaft als Gegenmodell der bürgerlichen Welt, das jedoch letztlich nur auf sexuelle Erregung ausgerichtet ist.

Anmaßend bietet Fridolin den Männern an, „in üblicher Weise Genugtuung zu geben“ (42/29 f.), falls sich jemand in seiner Ehre gekrängt fühlt. Er hält die Männer also für satisfaktionsfähig und ordnet sie demnach in einer höheren Gesellschaftsschicht an. Rückblickend glaubt er die anwesenden Männer in noch stärkeren Gegensatz zu den Frauen setzen zu können: „Aristokraten, vielleicht gar Herren vom Hof? Er dachte an gewisse Erzherzöge, denen man dergleichen Scherze schon zutrauen konnte. Und die Damen? Vermutlich … aus Freudenhäusern zusammengetrieben.“ (61/33 ff.)

Mit welcher Brutalität diese Männergesellschaft jedoch Verstöße ahndet, wird erst in dem Verhör Fridolins und vor allem dem Schicksal der geheimnisvollen Retterin Fridolins deutlich.

Die Brutalität der Männergesellschaft

Die geheimnisvolle Fremde – Aufopferung

Fridolin betrachtet die Frauen, die ihm auf dem Ball nackt entgegentreten, mit steigender Wollust, aber besonders erregt ihn eine Frau durch das Rot ihrer Lippen, die wallenden Haare und die dunklen Augen. Sie ist es, die Fridolin, ohne dass ein Grund ersichtlich ist, davor warnt, zu bleiben. Fridolin ist aber von dieser auffallend schönen Frau, deren nackter Körper ihn reizt, von der „Atmosphäre“ des Raumes, „den wollüstigen Geheimnissen, die ihn hier“ (40/29 f.) umgeben, aber auch von seiner eigenen „Kühnheit, von der Wandlung, die er in sich“ (40/33 f.) spürt, so erregt, dass er in seiner sinnlichen Lust alle Warnsignale ignoriert. Nun scheint er seinem Wunschbild von sich selbst als unwiderstehlicher Verführer nahe zu sein.

Fridolin deutet fälschlicherweise den Ball mit seinen bürgerlichen Begriffen. Dieser Ball kann seiner Meinung nur der Befriedigung sexueller Lust dienen, die Frauen seien demnach wahrscheinlich allesamt käufliche Dirnen, und auch die schöne, ihn warnende Frau müsste ihm zu Willen sein. So kann er die Warnungen der Un-

Fehleinschätzung Fridolins

bekannten nicht ernst nehmen, ihr Opfer zunächst nur als Geste sehen, denn er beruhigt sich damit, dass er sich vielleicht „unter Narren, vielleicht unter Wüstlingen, gewiss nicht unter Buben oder Verbrechern" (41/30 f.) befindet. In Unkenntnis des wahren Hintergrunds dieser Gesellschaft glaubt er, mit einem „ritterlichen" (41/33) Auftreten, indem er sich als Unbefugter bekennt, einen „edeln Akkord" (41/34) zu setzen.

Das tragische Missverständnis

Als die Unbekannte mutig als Einzige aus der verschüchterten Gruppe der Frauen heraustritt, nun wieder im Nonnengewand, und Fridolin aus seiner Zwangslage rettet, scheint ihm die eigene Lage und die der Frau nicht hinreichend bewusst zu sein. Er glaubt in eine „Komödie" (44/4) geraten zu sein und erklärt sich bereit, sich zu demaskieren, seinen Namen zu nennen und „alle Folgen" (44/8) auf sich zu nehmen. Doch erkennt er das wirkliche Opfer der Unbekannten nicht, als sie sich der Menge der Männer anbietet. Zusammenbrechend erblickt er noch einmal ihren nackten Körper, ihre Haarpracht, nur das Gesicht kann er nicht mehr erkennen, weil er von der Frau fortgerissen wird. Auf dem Heimweg versucht er das Opfer dieser Frau einzuschätzen, indem er sie zunächst als Dirne (vgl. 45/18) abwertet. Doch ihr Auftreten, ihre Haltung und ihre Stimme scheinen ihm dieser Einschätzung zu widersprechen Und er stellt sich die Frage, ob nicht seine „plötzliche Erscheinung als Wunder gewirkt [hat], sie zu verwandeln?" (45/30 f.) Nicht die Frau hat also seiner Meinung nach die Rettung bewirkt, sondern sein Erscheinen hat den Impuls hierfür gegeben.

Die überhebliche Selbsteinschätzung Fridolins

Als er die tote Baronin, die die warnende Schöne gewesen sein könnte, in der Anatomie sieht, sucht er Distanz zu gewinnen, obgleich er sich zu der Toten „hingezogen" (76/17) fühlt. „Er glaubt „ein völlig nichtiges, leeres, [...] ein totes Antlitz" (76/32 f.) vor sich zu haben, doch „eine unsichtbare Macht" (77/21) lässt ihn die Tote berühren, und, „wie magisch angezogen" (77/27 f.), beugt er sich zu ihr herab, als wolle er sie küssen. Erst in dem Moment, in dem Dr. Adler ihn überrascht fragt, was er

da tue, scheint es Fridolin, als sei die Unbekannte nun für ihn „gestorben" (77/34).
Das Rätselhafte dieses Opfers erschließt sich auch dem Leser nicht, doch wird zum zweiten Mal deutlich, dass Fridolins Rettung aus Gefahrensituationen von Frauen, von denen man es zunächst nicht vermutet, und an Orten, die für derartige Opfer nicht vorherbestimmt sind, vollzogen wird.

Erfolgreiche Vertreter ihres Berufes – Dr. Adler und Dr. Roediger

Dr. Adler

Doktor Adler, Fridolins Studienkollege und Assistent des Instituts, verkörpert im Gegensatz zu Fridolin den strebsamen, fleißigen und rationalen Forscher, der Fridolin mit einem distanzierten, ironischen Verhalten gegenübertritt. Er durchschaut Fridolins eigentliche Absicht, als er nach der toten Baronin fragt und diese sucht. Seine Überraschung über Fridolins fast nekrophiles Verhalten lässt diesen aus seiner Erstarrung erwachen.

Dr. Roediger

Auch Doktor Roediger, der Verlobte Mariannes, steht im Kontrast zu der Berufseinstellung Fridolins. Fridolin wundert sich darüber, dass Marianne diesen blassen Dozenten für Geschichte heiraten will, und malt sich eine Ehe dieser beiden aus „wie tausend andere" (12/36). Doch gleichzeitig beneidet er den Erfolg dieses jungen Mannes, der offenbar durch Fleiß und Beständigkeit eine Universitätskarriere vor sich hat, die Fridolin verschlossen geblieben ist. Denn Fridolin hat sich „bei seiner Neigung zu einer behaglicheren Existenz" (14/5 f.) gegen eine derartige Karriere entschieden. Dass ihn jedoch der fehlende akademische Erfolg stört, zeigt sein Gefühl, gegenüber dem Verlobten Mariannes unterlegen zu sein.

7. Erzähltechnik und Sprache

7.1 Erzählperspektive

Die Erzählperspektive der *Traumnovelle* vermittelt dem Leser vor allem Gefühle, Gedanken und Geschehnisse aus der Perspektive von Fridolin. Damit wird der Leser mit einer sehr subjektiven Sichtweise konfrontiert, mit der **personalen Erzählperspektive**, die in der Novelle über weite Strecken eingehalten wird.

Personale Erzähltechnik

Die personale Erzählweise nimmt einen beschränkten, subjektiven Standort ein, der nur von der Sicht der fiktiven Gestalt des Erzählers bestimmt ist. Dennoch sind Erzähler und die erlebende und handelnde Figur nicht identisch, obgleich vorwiegend aus der Innenperspektive der Hauptfigur erzählt wird. Somit erhält der Leser auch nur einen eingegrenzten Einblick in die Gedankenwelt anderer Figuren.
Diese Perspektive wird durch die erlebte Rede und den inneren Monolog erweitert und gestützt. Mit dieser neuen Technik des Erzählens beginnt vor der Jahrhundertwende vom 19. zum 20. Jahrhundert eine neues Zeitalter des Erzählens, das stärker auf die unmittelbare Darstellung innerer Konflikte der Hauptpersonen ausgerichtet ist (vgl. *Leutnant Gustl*).

Es ist vor allem die erlebte Rede, die den Leser mit den Gedanken und Gefühlen Fridolins bekannt macht. Im Gegensatz zu einer Darstellung in der „Ich-Form" wird in der erlebten Rede eine vermittelnde Instanz einbezogen. Im Unterschied zum auktorialen Erzählen erhält der Leser nur Einblicke in die Gedanken, Gefühle und Handlungsimpulse der Hauptperson, aus deren Sicht erzählt wird.

Die erlebte Rede

Erlebte Rede ist ein Stilmittel vor allem des modernen Erzählens seit dem Ende des 19. Jahrhunderts, das zwischen direkter Rede und indirekter Rede steht. (Daher ist der aus dem Französischen übersetzte Begriff „freie indirekte Rede“ für die deutsche Literatur nicht eindeutig.) Die erlebte Rede steht in der 3. Person Indikativ des epischen Präteritums, unterscheidet sich also darin von der indirekten Rede, die zumeist den Konjunktiv I verwendet. Die erlebte Rede ist nicht zu verwechseln mit dem inneren Monolog (vgl. S. 32 ff.).
Die besondere Flexibilität der erlebten Rede wird dort deutlich, wo längere Passagen in die personale Erzählform einmünden. Für den Leser verschmelzen damit stellenweise die Stimme des Erzählers und die Figurenstimme miteinander.

Zu der erlebten Rede und der personalen Erzählweise treten die Gedanken Fridolins, die mit entsprechenden Verben eingeleitet werden. (z.B.: „und dachte: Natürlich ist auch Hysterie dabei“, 15/4 f.) .
Als Fridolin nach dem Leichnam der Unbekannten in der Pathologie sucht, befragt er sich nach den Gründen für sein Handeln: „Und nochmals fragte er sich, was er eigentlich in der Totenkammer wollte? Ja, hätte er sie lebend wiedergefunden, heute, morgen – in Jahren, wann, wo und in welcher Umgebung immer –, an ihrem Gang, ihrer Haltung, ihrer Stimme vor allem hätte er sie, so war er überzeugt, unwidersprechlich erkannt.“ (73/33 ff.)
Gerade in entscheidenden Augenblicken, in denen der Leser dicht an Fridolins Erlebnisse heranrücken soll, wird die Unmittelbarkeit durch die erlebte Rede zum Mittel der Leserlenkung.
Nachdem Fridolin den geheimen Ball verlassen musste, denkt er in der Kutsche über das Opfer der Unbekannten nach: „Aber welchen Anlass hatte sie, sich für ihn zu opfern? Zu opfern –? War sie überhaupt eine Frau, für die, was ihr bevorstand, was sie nun über sich ergehen

ließ, ein Opfer bedeutete?“ (45/11 ff.) Nur durch das Pronomen „ihn“ anstelle von „mich“ wird der Unterschied zum inneren Monolog erkennbar.
Nach dem enttäuschenden zweiten Besuch bei Marianne macht sich in Fridolin Verzweiflung über sein Versagen breit, das sich in der erlebten Rede ausdrückt: „Aber was nun? Nach Hause? Wohin sonst! Heute konnte er ja doch nichts mehr unternehmen. Und morgen? Was? Und wie?“ (67/23 f.) Auch hier trennt nur das Personalpronomen „er“ die Reflexionen von der Form des inneren Monologs.
Aber auch den inneren Monolog nutzt Schnitzler, um – ähnlich wie in der Novelle *Leutnant Gustl* – die unverfälschten Gedanken Fridolins zu erfassen. Nachdem er von einem Studenten angerempelt worden ist, sucht er in einem inneren Monolog Gründe, warum er diesen nicht „gestellt“ hat (19/4) und einem Duell ausgewichen ist: „Soll ich mich mit einem betrunkenen Studenten herstellen, ich, ein Mann von fünfunddreißig Jahren, praktischer Arzt, verheiratet, Vater eines Kindes! – Kontrahage! Zeugen! Duell!“ (19/13 ff.) Übergangslos geht dieser innere Monolog dann wieder über in die erlebte Rede: „Drei Säbelmensuren hatte er ausgefochten, und auch zu einem Pistolenduell war er einmal bereit gewesen, und nicht auf seine Veranlassung war die Sache damals gütlich beigelegt worden.“ (19/20 ff.)

Der innere Monolog

Schnitzler vermeidet jedoch sehr geschickt, dass dem Leser nur die beschränkte Perspektive Fridolins offen steht, indem er Albertine in der „Ich-Erzählung“ ihres Traumes eine eigene Stimme verleiht. Dabei wird Albertine teilweise zur kommentierenden Erzählerin: „Ich war auch längst – seltsam: dieses längst! – nicht mehr mit diesem einen Mann allein auf der Wiese.“ (53/19 f.)

Ich-Erzählung

Auch andere Personen, wie etwa Nachtigall, tragen zu dem Geflecht unterschiedlicher Stimmen und Erzählweisen bei. Nachtigall „berichtet“ (27/17) von seinem Leben, nachdem die Studienzeit aus einer personalen Sicht Fridolins mitgeteilt worden war, die allmählich in eine eher neutrale Erzählweise mündet: „Er [Fridolin] erinnerte sich, dass Nachtigall das Studium der Medizin schon nach der zweiten, sogar geglückten, wenn auch mit siebenjähriger Verspätung abgelegten Vorprüfung in Zoologie endgültig aufgegeben hatte. […] Schon in seinem Heimatstädtchen hatte er bei einem dort gestrandeten Pianisten die Anfangsgründe des Klavierspielens gelernt." (25/5 ff.)

Wörtliche Rede

Zusätzlich gewinnt die wörtliche Rede eine besondere Bedeutung in dieser Novelle. Besonders intensiv wirkt die wörtliche Rede in jenen Passagen, in denen eine dramatische Steigerung der Handlung zu verzeichnen ist, etwa bei der Entlarvung Fridolins: „‚Maske herunter!', befahl wieder ein anderer […]. ‚Man wird Ihnen ins Gesicht sagen, was Ihrer harrt, und nicht in Ihre Larve.'" (42/35 ff.)

7.2 Satzbau und Wortwahl

Parataktischer und hypotaktischer Satzbau

Der Satzbau in dieser Novelle variiert stark, je nach Handlungsverlauf. So finden sich Aneinanderreihungen von gleichberechtigten Hauptsätzen (**parataktischer Satzbau**) vielfach dort, wo es um eine rasch voranschreitende Handlung geht:

> „Mit einem Mal war sie vom Sessel herabgeglitten, lag Fridolin zu Füßen, umschlang seine Knie mit den Armen und presste ihr Antlitz daran." (14/31 f.)

Verstärkt greift Schnitzler zum **hypotaktischen Satzbau** (Haupt- und Nebensätze sind ineinander verschachtelt), wenn es darum geht, komplexere Informationen oder stärker miteinander verknüpfte Gedanken wiederzugeben:

> „Er hörte ein kurzes Lachen hinter sich – fast hätte er sich nochmals umgewandt, um den Burschen zu stellen, aber verspürte ein sonderbares Herzklopfen – ganz wie einmal vor zwölf oder vierzehn Jahren, als es so heftig an seine Tür gepocht hatte, während das anmutige junge Ding bei ihm war, das immer von einem entfernt lebenden, wahrscheinlich gar nicht existierenden Bräu-

> tigam zu faseln liebte; es war auch tatsächlich nur der Briefträger gewesen, der so drohend gepocht hatte." (19/2 ff.).

Einschübe

Einschübe sind ein weiteres Darstellungsmittel, zu dem Schnitzler gehäuft greift, um Gedanken, Informationen oder Beschreibungen zu differenzieren. Diese Einschübe unterbrechen häufig das Erzählte kurz, um es zu präzisieren: „jetzt waren sie vorbei; nur der zuletzt ging, ein langer Kerl im offnen Winterrock, eine Binde über dem linken Auge, schien geradezu absichtlich ein Stückchen zurückzubleiben" (18/27 ff.).

Ellipsen

Schließlich verwendet Schnitzler nicht selten Ellipsen (Weglassen leicht ergänzbarer Wörter oder Satzglieder), um schnell ablaufende Gedankengänge zu vermitteln: „Soll ich mich mit einem betrunkenen Studenten herstellen, ich, ein Mann von fünfunddreißig Jahren, praktischer Arzt, verheiratet, Vater eines Kindes! – Kontrahage! Zeugen! Duell!" (19/13 ff.) Die Gereiztheit und Hast dieser Gedanken wird zudem durch die unverbundenen Aufzählungen (Asyndeton) verdeutlicht.

Schon der kurze Text, den die Tochter aus den Geschichten aus *Tausendundeiner Nacht* vorliest, lässt erkennen, wie es Schnitzler durch Adjektive gelingt, eine dichte Atmosphäre aufzubauen. So breitet sich über dem Prinzen auf seiner „prächtige[n] Galeere" ein „dunkelblaue[r], sternbesäte[r]" (3/1 ff.) Nachthimmel aus. Gerade die Farbadjektive sind ein auffallendes Merkmal dieser Novelle, dabei sind die Farben Rot und Schwarz dominant.

Der Anschein

Die Atmosphäre der Novelle zwischen Traum und Wirklichkeit, Schein und Realität wird auch sprachlich unterstrichen. Mehr als 50-mal werden das Verb „scheinen" sowie das Nomen „Schein" und das Adjektiv „wahrscheinlich" verwendet, so dass viele Hinweise und Gedanken die Unsicherheit in sich tragen, ob das Dargestellte mit der Wirklichkeit übereinstimmt oder einer eingeschränkten Sicht entspricht. „Sie sprach immer weiter, aber ihm schien, als wüsste sie gar nicht recht, zu wem sie sprach oder als spräche sie zu sich selbst." (13/20 f.) Das Schwebende, nicht klar Greifbare wird hier – wie auch in vielen weiteren Passagen – durch den Konjunktiv II, als Konjunktiv Irrealis, unterstützt. Auch Albertines Wünsche werden in den Konjunktiv Irrealis gekleidet: „Den ganzen Tag lag ich traumverloren am Strand. Wenn er mich riefe – so meinte ich zu wissen –, ich hätte nicht widerstehen können." (5/35 ff.) Das Prädikat „meinen" unterstreicht noch einmal die fehlende Sicherheit in Albertines Überlegungen.

Konjunktiv Irrealis

Im Hinblick auf die Uneindeutigkeit vieler Aussagen fällt auch der gehäufte Gebrauch von Vergleichen auf. Fridolin ist nicht von seinen Sorgen wirklich befreit, als Dr. Roediger zu ihm und Marianne zurückkehrt, sondern er „fühlt sich wie erlöst" (15/21).

8. Entstehung der Novelle und Rezeption

Dem Leser fällt auf, dass zwar sehr genaue Ortsangaben gemacht werden und dass diese es ermöglichen, Fridolins nächtliche Erlebnisse auf einem Stadtplan Wiens zu verfolgen, dass sich aber die historische Zeit kaum eindeutig festlegen lässt. Einige Beschreibungen (z. B. der Lichtquellen) deuten eher auf die Zeit vor dem Ersten Weltkrieg hin. Dies mag damit zusammenhängen, dass Schnitzler die Idee zu der Novelle schon sehr früh formuliert und seiner Frau Olga vorgetragen hat, wie die folgende Tagebuchnotiz vom 15. Juni 1907 belegt:

Erster Entwurf der Novelle 1907

> „Der junge Mann, der von seiner schlafenden Geliebten fort in die Nacht hinaus zufällig in die tollsten Abenteuer verwickelt wird – sie schlafend daheim findet wie er zurückkehrt; sie wacht auf – erzählt einen ungeheuern Traum, wodurch der junge Mann sich wieder schuldlos fühlt." (Zit. nach: Heizmann, 2006, S. 55)

Wenige Tage später wird die Erzählung weiter ausgestaltet: Der junge Mann kommt in ein Schloss, in dem ein geheimer Ball gegeben wird, auf dessen Höhepunkt die Maskierten ihre Kleidung fallen lassen. Der junge Mann will mit einer Frau entfliehen, einer der Ballbesucher fordert ihn zum Duell, das im Prater stattfindet. Der Gegner wird getötet und nun stellt der junge Mann fest, dass dieser ein Freund gewesen ist. Zu Hause erzählt seine Braut ihm ihren Traum.
Erst 1920 setzt Schnitzler sich wieder ernsthaft mit der *Doppelnovelle* auseinander. Auch in der neuen Fassung kommt es zu einem Duell, allerdings wird das Duell sofort im Garten der Villa ausgetragen. Der Gegner wird tödlich verletzt, Fridolin wird geraten, sich zu entfernen, die Angelegenheit werde jedoch keine Folgen für ihn haben. Diese Erlebnisse erzählt Fridolin seiner Frau als Traum, auch der Leser glaubt zunächst an einen Traum. Erst Fridolins Suche nach den Spuren der vergangenen Nacht zeigt, dass Fridolin seine wirklichen Erlebnisse mitgeteilt hat. Mehrfach überarbeitet Schnitzler den Text zwischen 1922 und 1925 und sendet im August 1925 die endgültige Fassung an Paul Wiegler. In der Zeitschrift *Die Dame* erscheint die Novelle in Fortsetzungen. 1926 folgt eine Veröffentlichung in Buchform.

Versiegender literarischer Ruhm nach dem Ersten Weltkrieg

Im Gegensatz zur Rezeption seiner Novelle *Leutnant Gustl* fällt die Aufnahme der *Traumnovelle* jedoch eher knapp aus. Die ersten Rezensenten betonen die Verwandtschaft der Novelle zu Freud, weiterhin gibt es Äußerungen, die sich gegen die Darstellung erotischer Szenen wenden. Aber es zeigt sich deutlich, dass Schnitzlers literarischer Ruhm nach dem Ersten Weltkrieg fast versiegt ist. „Als [Schnitzler] […] 1931 starb, würdigte man ihn in meist knappen und kühlen Nachrufen nur als Autor einer abgeschlossenen Epoche, einer ‚versunkenen Welt', den man nicht zu Unrecht vergessen habe." (Reich-Ranicki, 2002, S. 18)

1933 werden seine Werke zusammen mit den Schriften von Freud verboten und mit Feuersprüchen verbrannt. (10. Mai 1933 in Berlin – Feuerspruch bei der Verbrennung der Schriften von Freud: „Gegen seelenzersetzende Überschätzung des Trieblebens! Für den Adel der menschlichen Seele! Ich übergebe dem Feuer die Schriften des Sigmund Freud.“)

Bücherverbrennung 1933

> „Inzwischen hat sich das Blatt gewendet. [...] Schnitzler [...] wurde unverkennbar rehabilitiert und aufgewertet: Er gehört zu den wenigen deutschsprachigen Schriftstellern der Zeit um 1900, für die sich die Wissenschaftler in wachsendem Maße interessieren und die zugleich einen festen Platz im Bewusstsein des Publikums haben.“
> (Reich-Ranicki, 2002, S. 18)

Wachsendes Interesse an Schnitzler in der Gegenwart

In Rahmen dieser „Rehabilitation“ kommt der Verfilmung der *Traumnovelle* durch Kubrick 1999 eine besondere Bedeutung zu.

Verfilmung durch Stanley Kubrick

Schnitzler war der neuen Kunstform des Films gegenüber sehr aufgeschlossen, und so wurden auch mehrere seiner literarischen Werke als Stummfilme verfilmt (z.B. 1920 *Anatol*, 1927 *Liebelei*, 1929 *Fräulein Else*). Die Verfilmung seiner Novelle *Tod im Morgengrauen* als einziger Tonfilm (uraufgeführt im Mai 1931) war allerdings recht erfolglos. Dennoch stimmte Schnitzler zu, als man ihn bat, einen Filmentwurf zu seiner Erzählung *Traumnovelle* anzufertigen.

In kurzer Zeit erstellt er ein Skript mit 54 Szenen, doch das Projekt wird zu seinem Bedauern nie realisiert. Der besonderen Schwierigkeit, die Erzählperspektive und die Träume umzusetzen, sucht Schnitzler damit zu begegnen, dass er die Bildhaftigkeit der Träume hervorhebt, die Sprache jedoch zurückdrängt. Den ersten Ball, der in der Novelle den Anstoß gibt zur Beschäftigung mit den eigenen uneingestandenen Wünschen, setzt Schnitzler in eine eigene Szene um (wie dies dann später auch Kubrik machen wird) und nimmt diese Szene damit aus dem Erzählkontext heraus. Das Skript endet mit dem Erwachen von Albertine.

Schnitzlers eigener Filmentwurf

Der amerikanische Regisseur Stanley Kubrick (1928–1999) trug sich über 30 Jahre lang mit dem Projekt, Schnitzlers Novelle zu verfilmen, dazu erwarb er schon 1969 die exklusiven Rechte. Der Film *Eyes Wide Shut* war das letzte Filmprojekt des Regisseurs, der noch vor der Fertigstellung 1999 starb.

Kubrick erkennt das besondere Problem, die Traumhaftigkeit – auch der realen Begegnungen von Fridolin – filmisch so umzusetzen, dass das Dargestellte in einem schwebenden Zustand bleibt. Zudem sieht er sich mit der Problematik konfrontiert, die emotionale Situation des Ehepaares glaubwürdig in die Gegenwart umzusetzen. Er weiß, dass die Themen Sexualität, Liebe, Eifersucht, Schuld und unterdrückte Sehnsüchte aktuell sind, dass jedoch die hinter der *Traumnovelle* stehende Moral des Bürgertums vor dem Ersten Weltkrieg schwerlich zu vermitteln ist. Albertines sexuelle Phantasien sind im ausgehenden 20. Jahrhundert kaum noch so schockierend wie zur Zeit der Entstehung der Novelle. Kubrick verlegt daher die Handlung nach New York, wählt die Vorweihnachtszeit und nennt seine Protagonisten, ein typisches Paar der gehobenen Mittelschicht, Bill und Alice. Die Weihnachtszeit deutet einerseits auf die kommerzielle Ebene des Lebens hin, auf der anderen Seite aber symbolisiert sie auch die Sehnsucht nach familiärer Geborgenheit.

Aktualität der Themen Sexualität, Schuld, Liebe, Eifersucht

Kubrick geht in seinem Film chronologisch vor: Das Ehepaar besucht einen Ball, und Alice lässt sich von einem ungarischen Mann zum Tanzen auffordern. Schon die ersten Dialoge belegen, dass Kubrick die in der Novelle unausgesprochenen Probleme sehr viel deutlicher hervorhebt:

Kubricks Veränderungen

> Szavost, der Tanzpartner von Alice, fragt diese: „Sie wissen, warum Frauen früher geheiratet haben, oder?“
> Alice: „Vielleicht verraten Sie's mir.“
> Szavost: „Nur auf die Art konnten sie ihre Jungfräulichkeit verlieren – um mit andern Männern das zu machen, was sie wollten. Mit denen, die sie wirklich wollten.“
> (Schnitzler, Arthur: *Traumnovelle* / Kubrick, Stanley und Raphael, Frederic: *Eyes Wide Shut*,1999, S. 109)

Damit fasst er das zynisch zusammen, was Albertine in ihrem Begehren des Dänen und in ihrem Traum auszudrücken sucht.
Um einige Rätsel der Novelle zu lösen, führt Kubrick eine neue Figur ein, Victor Ziegler, eine Art Vaterfigur für Bill. Ziegler ist es schließlich, der Bill bestätigt, dass die unbekannte Tote seine mysteriöse Warnerin gewesen ist. So ergibt sich eine deutlichere Auflösung des Schicksals der Unbekannten als in der Novelle.
Die Ankündigungen des Filmes, die Informationen, dass während der Dreharbeiten zwischen Tom Cruise und Nicole Kidman ein sehr enges Verhältnis entstanden sei und dass Kubrick intime Szenen ohne Filmcrew gedreht habe, versprachen dem Zuschauer einen sehr erotischen Spielfilm, umso enttäuschter waren schließlich viele Rezensionen.

> „Fast ärgerlich fällt die als Höhepunkt gedachte Orgie im Film [...] aus. Sie ist – trotz kopulierender Paare im Dutzend so brav und geschmackvoll inszeniert, dass ihr jede Erotik ausgetrieben ist. [... ‚Eyes Wide Shut' enttäuscht durch die scheue Umsetzung der erotischen Phantasien aus Schnitzlers ‚Traumnovelle'." (Schnelle, 1999)

Doch die entscheidenden Probleme der Umsetzung ergeben sich aus dem Unterschied der beiden Medien Text und Film. Während es Schnitzler gelingt, sprachlich die Traum- und Realitätsebenen so zu verknüpfen, dass sich eine Vermischung dieser Ebenen einstellt, versucht der Film, Traumsymbole zu erzeugen, und bedient sich dabei der Freud'schen Genitalsymbolik (Stäbe, Durch- und Eingänge, Flure, Gänge usw.). Aber gerade durch ihre Präsenz verlieren sie den geheimnisvollen Charakter ebenso wie die Vorgänge bei dem Ball. So wird das Schwebende und Mehrdeutige des literarischen Textes derart konkretisiert, dass die innere Auseinandersetzung, die inneren Konflikte und die geheimen Wünsche Fridolins einer eher voyeuristischen Betrachtung von Kopulationsszenen weichen.

Literaturhinweise

Aurnhammer, Achim: Lieutnant Gustl. Protokoll eines Unverbesserlichen. In: Kim, Hee-Ju / Saße, Günter: Arthur Schnitzler, Dramen und Erzählungen. Interpretationen. Stuttgart: Reclam, 2007. S. 69–88. (Universal-Bibliothek Nr. 17532.)

Fontane, Theodor: Irrungen, Wirrungen. Stuttgart/Leipzig: Ernst Klett Verlag, 2005.

Franke, Manfred: Leben und Roman der Elisabeth von Ardenne, Fontanes „Effi Briest". Düsseldorf: Droste Verlag, 1994.

Freud, Sigmund: Briefe an Arthur Schnitzler. In: Neue Rundschau 66 (1955) S. 96 f.

– Die Traumdeutung. Frankfurt a. M.: Fischer, 1961.

– Briefe 1873–1939. Auswahl und hrsg. von Ernst und Lucie Freud. Erw. Neuaufl. Frankfurt a. M.: Fischer, 1968.

Freytag, Julia: Verhüllte Schaulust. Die Maske in Schnitzlers *Traumnovelle* und in Kubricks *Eyes Wide Shut*. Bielefeld: transcript, 2007.

Harpprecht, Klaus: „Die Hauptsach' ist: er ist tot, und ich darf leben" – *Leutnant Gustl* von Arthur Schnitzler. In: Schultz, Uwe: Das Duell. Frankfurt a. M.: Insel, 1996. S. 370 ff.

Heizmann, Bertold: Arthur Schnitzler, *Traumnovelle*. Erläuterungen und Dokumente. Stuttgart: Reclam, 2006. (Universal-Bibliothek Nr. 16054.)

Johann, Ernst (Hrsg.): Reden des Kaisers. Ansprachen, Predigten und Trinksprüche Wilhelms II. 2. Aufl. München: Deutscher Taschenbuch Verlag, 1977.

Kim, Hee-Ju: *Traumnovelle*. Maskerade der Lust. In: Kim, Hee-Ju / Saße, Günter (Hrsg.): Arthur Schnitzler, Dramen und Erzählungen. Interpretationen. Stuttgart: Reclam, 2007. S. 209–229.

Knilli, Friederich: Lieutnant Gustl – ein k. u. k. Antisemit aus bundesrepublikanischer Sicht. In: Hickethier, Knut / Lützen, Wolf Dieter (Hrsg.): Literatur in den Massenmedien – Demontage von Dichtung. München/Wien: Hanser, 1976. S. 139–164.

Laermann, Klaus: *Leutnant Gustl*. In: Janz, Rolf-Peter /Laermann, Klaus: Arthur Schnitzler. Zur Diagnose des Wiener Bürgertums im Fin de siècle.Stuttgart: Metzler, 1977.

Perlmann, Michaela: Arthur Schnitzler. Stuttgart: Metzler, 1987a.
– Der Traum in der literarischen Moderne. Untersuchung zum Werk Arthur Schnitzlers. München: Fink, 1987b.
Politzer, Heinz: Nachwort. In: Arthur Schnitzler: Leutnant Gustl. Nachwort und Anmerkungen von Heinz Politzer. Frankfurt. Fischer Verlag. 1962. S. 41–49. Auch in: Polt-Heinzl, Evelyne, 2002. S. 80–87.
Polt-Heinzl, Evelyne: Arthur Schnitzler, *Leutnant Gustl*. Erläuterungen und Dokumente. Stuttgart: Reclam, 2002. (Universal-Bibliothek Nr. 16017.)
Reich-Ranicki, Marcel: Sieben Wegbereiter. 2. Aufl. Stuttgart/München: Deutsche Verlags-Anstalt, 2002.
Renner, Ursula (Hrsg. und Kommentar) unter Mitarbeit von Bosse, Heinrich: Arthur Schnitzler, *Lieutnant Gustl*. Frankfurt a. M.: Suhrkamp, 2007. S. 84.
Rey, William H.: Arthur Schnitzler. Die späte Prosa als Gipfel seines Schaffens. Berlin: E. Schmidt, 1968.
Scheible, Hartmut: Schnitzler. 14. Aufl. Hamburg: Rowohlt, 2007.
Schmidt-Dengler, Wendelin: Arthur Schnitzler, *Leutnant Gustl*. In: Erzählungen des 20. Jahrhunderts. Interpretationen. Bd. 1. Stuttgart: Reclam, 1996. S. 21–36. (Universal-Bibliothek Nr. 9462.)
Schnelle, Josef: Eine kalte Pracht. Endlich im deutschen Kino: *Eyes Wide Shut* – Stanley Kubricks Version der *Traumnovelle* von Arthur Schnitzler. In: Deutsches Allgemeines Sonntagsblatt. 10. 9. 1999.
Schnitzler, Arthur: Über Psychoanalyse. In: Urbach, Reinhard (Hrsg.): Protokolle 2 (1976) S. 278 f.
– Jugend in Wien. Frankfurt a. M.: Fischer, 1981. S. 246.
Schnitzler, Arthur: *Traumnovelle* / Kubrick, Stanley und Raphael, Frederic: *Eyes Wide Shut*. Das Drehbuch. Aus dem Englischen von Frank Schaff. Frankfurt a. M.: Fischer, 1999.
Weidermann, Volker: Das Buch der verbrannten Bücher. Köln: Kiepenheuer & Witsch, 2008.
Wagner, Renate: Wie ein weites Land. Arthur Schnitzler und seine Zeit. Wien: Amalthea Signum Verlag, 2006.
Weiss, Robert O. (Hrsg.): Schnitzler, Arthur – Aphorismen und Betrachtungen. Frankfurt a. M.: Fischer, 1993.
Wundberg, Gotthart: Fin de siècle in Wien. In: Arnold, Heinz Ludwig (Hrsg.): Text und Kritik. Bd. 138/139 (IV, 1998).
Zweig, Stefan: Die Welt von gestern. Erinnerungen eines Europäers. Berlin / Frankfurt a. M.: Fischer, 1962.

Prüfungsaufgaben und Lösungen

Zu *Leutnant Gustl*

I

Textstelle: S. 12/33 – S. 14/11

Aufgabe:
Analysieren Sie die Textstelle und erarbeiten Sie dabei den grundlegenden Konflikt des Leutnants.

Einleitung
Die Novelle *Leutnant Gustl* von Arthur Schnitzler zeigt den Gewissenskonflikt eines jungen Leutnants, der von einem Bäckermeister so in seiner Ehre verletzt worden ist, dass er, da der Bäckermeister nicht satisfaktionsfähig ist, glaubt, Selbstmord begehen zu müssen, um seine Ehre wiederherzustellen.

Kontext und Ausgangssituation
Im Gedränge der Konzertgarderobe hat der Leutnant einen vor ihm Stehenden verbal beleidigt. Es stellt sich heraus, dass dies ein ihm bekannter Bäckermeister ist, der in demselben Lokal verkehrt wie der junge Offizier. Der Bäckermeister reagiert überraschend, indem er zunächst nach Leutnant Gustls Säbel greift, ihn festhält und ihm droht den Säbel zu zerbrechen, ihn also um seine Ehre zu bringen, falls er Aufsehen errege. Schließlich beleidigt er Gustl zutiefst, indem er ihn mit „dummer Bub“ anredet.
Verstört und unfähig einen klaren Gedanken zu fassen, findet sich Gustl auf der Straße wieder. Noch einmal spielt er den Vorfall in Gedanken durch und stellt fest, dass er gegen den kraftvollen Bäckermeister keine Chance gehabt hat, sich sofort mit seinem Säbel für die Beleidigung zu rächen. Nun aber ist es zu spät, sich zu rächen, die Beleidigung hätte sofort geahndet werden müssen. Eine Duellforderung verbietet sich, da der Bäckermeister nicht satisfaktionsfähig ist. Erschwerend kommt hinzu, dass der Bäckermeister Gustl kennt, also den Vorfall weitererzählen könnte.
Die Reaktion seines Vorgesetzten kennt Gustl, er würde ihn zwingen, „mit Schimpf und Schande“ (12/30) den Dienst zu quittieren.

Grundkonflikt

- Gustl ist sich aufgrund seiner langjährigen militärischen Ausbildung bewusst, dass mit herkömmlichen Mitteln der Verlust seiner Offiziersehre nicht wiederherzustellen ist.
- Die Beleidigung ist so schmerzlich, dass er glaubt, man könne sie ihm schon äußerlich ansehen. Daher nimmt er Abstand davon, sich in ein Café zu seinen Kameraden zu setzen.
- Ratlos sucht er nach Handlungsalternativen.
- Er weiß, dass noch niemand von diesem Vorfall erfahren hat, doch den nicht standesgemäßen Bäckermeister kann er nicht darum bitten, nichts weiterzuerzählen.
- Zugleich ist sich Gustl klar darüber, dass ihm eine tief greifende Ehrverletzung widerfahren ist und er auch dann aus Gewissensgründen handeln muss, wenn nur er selbst darum weiß: „[I]ch weiß es doch, und das ist die Hauptsache!" (13/28)
- Später wird er allerdings nach dem Tod des Bäckermeisters die entgegengesetzte Position vertreten, denn nun ist der Mitwisser tot und kann nichts mehr erzählen, damit ist für Gustl die Ehrverletzung beseitigt.
- Gleichzeitig fällt Gustl ein, dass er aufgrund seines Ehrverlustes das Duell am nächsten Tag nicht austragen kann, da er – im militärischen Sinn – „satisfaktionsunfähig" (13/20) geworden ist.
- Obgleich es offensichtlich Ausnahmen gibt, würde in seinem Fall der Ehrenrat nicht zu seinen Gunsten entscheiden.
- Immer klarer wird für Gustl, dass er seine Ehre nur durch Selbstmord wiedergewinnen kann.

Innerer Zwiespalt

- Verwirrung und Unentschlossenheit Gustls zeigt sich in der raschen Folge seiner Gedanken, die in diesem „inneren Monolog" zusammenhanglos wirken.
- Dennoch zeigt das „innere Gespräch", dass Gustl immer wieder versucht, Alternativen für den Selbstmord zu finden.
- Auch wenn er sie zunächst verwirft, bleiben sie doch immer als verdrängte Gedanken in Erinnerung.
- Sein unterbewusster Überlebenswille zeigt sich immer wieder in körperlichen Reaktionen, wie in diesem Fall in seinem immer wiederkehrenden Hungergefühl.
- Letztlich ist Gustls Flucht vor dem Tod erfolgreich, denn, ohne dass er es weiß, arbeitet die Zeit für ihn.

II

Text: Theodor Fontane, *Effi Briest*, Kap. 27

Baron von Instetten hat entdeckt, dass seine Frau Effi ihn vor sechs Jahren mit Major Crampas betrogen hat. In einem Gespräch mit Geheimrat Wüllersdorf begründet von Instetten die Duellforderung, obgleich der Ehebruch lange zurückliegt. In dem Pistolenduell findet Major Crampas den Tod.

„[…] Aber im Zusammenleben der Menschen hat sich ein Etwas ausgebildet, das nun mal da ist und nach dessen Paragraphen wir uns gewöhnt haben, alles zu beurteilen, die andern und uns selbst. Und dagegen zu verstoßen geht nicht; die Gesellschaft verachtet uns, und zuletzt tun wir es selbst und können es nicht aushalten und jagen uns die Kugel durch den Kopf. […] Also noch einmal, nichts von Hass oder dergleichen, und um eines Glückes willen, das mir genommen wurde, mag ich nicht Blut an den Händen haben; aber jenes, wenn Sie wollen, uns tyrannisierende Gesellschafts-Etwas, das fragt nicht nach Charme und nicht nach Liebe und nicht nach Verjährung. Ich habe keine Wahl. Ich muss."
„Ich weiß doch nicht, Instetten …"
Instetten lächelte. „Sie sollen selbst entscheiden, Wüllersdorf. Es ist jetzt zehn Uhr. Vor sechs Stunden, diese Konzession will ich Ihnen vorweg machen, hatt' ich das Spiel noch in der Hand, konnt' ich noch das eine und noch das andere, da war noch ein Ausweg. Jetzt nicht mehr, jetzt stecke ich in einer Sackgasse. Wenn sie wollen, so bin ich selber schuld daran; ich hätte mich besser beherrschen und bewachen, alles in mir verbergen, alles im eigenen Herzen auskämpfen sollen. […] Ich ging zu Ihnen und schrieb Ihnen einen Zettel, und damit war das Spiel aus meiner Hand. Von dem Augenblick an hatte mein Unglück und, was schwerer wiegt, der Fleck auf meiner Ehre einen halben Mitwisser, und nach den ersten Wörtern, die wir hier gewechselt, hat es einen ganzen. Und weil dieser Mitwisser da ist, kann ich nicht mehr zurück."

(Zit. nach: Fontane, *Effi Briest,* mit Materialien, ausgewählt von Hanns-Peter Reisner und Rainer Siegle, Leipzig/Stuttgart/Düsseldorf: Ernst Klett Schulbuchverlag, 2006, S. 235 f.)

Aufgabe:
Erarbeiten Sie die Position, die Instetten vertritt, und vergleichen Sie seine Ansichten mit denen von Leutnant Gustl.

Position Instettens
- Als Angehöriger des Adels bedeutet der Ehebruch seiner Frau für Instetten den Verlust seiner gesellschaftlichen Ehre.
- Entsprechend den gesellschaftlichen Normen, die sich in Adelskreisen herausgebildet haben, ist es zwingend notwendig, zu reagieren, um die Ehre wiederherzustellen, und zwar unabhängig von den eigenen Gefühlen.

- Würde er nicht handeln, wäre er gesellschaftlich geächtet.
- Aber auch vor sich selbst verlöre er die Achtung, was schließlich den Selbstmord nach sich ziehen würde.
- Solange jedoch kein weiterer Zeuge für den Ehrverlust vorhanden sei, stehe dem Betroffenen frei, wie er sich entscheide.
- Sobald es aber Mitwisser gebe, bestehe keine Entscheidungsfreiheit mehr.
- Der Ehrverlust könne dann nur noch durch ein Duell geahndet werden; wie lange dieses Vergehen zurückliegt, spiele keine Rolle.

Position Gustls

- Gustl übernimmt als Offizier die Grundelemente des adligen Ehrbegriffs, ohne jedoch einen inneren Zwang aufgrund einer langen Tradition zu verspüren.
- Seine Duellforderung und seine Einschätzung des Ehrverlustes sind drillmäßig eingeschliffen und während des Militärdienstes angelernt.
- Die Duellforderung mit dem promovierten Rechtsanwalt entspringt einer augenblicklichen Situation und ist eher Ausdruck von Gustls Minderwertigkeitsgefühl gegenüber einem Akademiker, von dem er sich durchschaut fühlt.
- Zugleich erhofft er damit militärisches Vorankommen. Die Duellforderung hat keinerlei Verankerung in einem gesellschaftlichen Kontext.
- Gustl weiß, dass seine Beleidigung durch den Bäckermeister eine tiefe Ehrverletzung ist, die nur durch das Quittieren des Dienstes oder Selbstmord aus der Welt geschaffen werden kann, weil der Bäckermeister nicht satisfaktionsfähig ist.
- Anders als Instetten braucht Gustl keinen Zeugen, um auf die Ehrverletzung zu reagieren. Es genüge, so sagt er anfangs, dass er selbst davon wisse.
- Daher sei er auch nicht mehr satisfaktionsfähig, könne also das Duell am kommenden Tag nicht durchführen.
- Allerdings wird diese Meinung hinfällig nach dem Tod des Bäckermeisters. Hieraus wird erkennbar, dass keine tief verankerten Normen das Handeln von Leutnant Gustl bestimmen.

III

Textstelle: S. 29/31 – S. 30/37

Aufgabe:
Analysieren Sie die Textstelle unter Berücksichtigung der sprachlichen Gestaltung.

Einleitung und Kontext
In den frühen Morgenstunden befindet sich Leutnant Gustl nach einer ziellosen nächtlichen Wanderung durch Wien und den Prater auf dem Rückweg zu seiner Kaserne. Gegen Mitternacht, zum gleichen Zeitpunkt, als der Bäckermeister gestorben ist, hat Gustl beschlossen, sich morgens um 7 Uhr in seinem Zimmer zu erschießen. Die Pistole liegt geladen in einer Schublade des Nachttischs. Mit Niedergeschlagenheit hat Gustl sich selbst abschätzig als wenig wert bezeichnet, nun will er sich „zu guter Letzt“ (29/6) „wenigstens anständig“ (ebd.) benehmen.

Analyse

- Nachdem ihn kurze Zeit Erinnerungen an seine Freundin Steffi abgelenkt haben, wird er umso nachdrücklicher durch den Orgelklang einer Frühmesse an die Wirklichkeit erinnert. Er überlegt, ob er in die Kirche gehen sollte. Dabei versucht er sachlich den Nutzen abzuschätzen, ob „am End' […] doch was d'ran“ (30/4) sein könnte. Später wird er den Tod des Bäckermeisters als möglichen Erfolg seines Kirchenbesuchs bezeichnen.
- Unfähig, eine Entscheidung zu treffen, die aus dem eigenen inneren Gefühl kommt, überlegt er, ob der Besuch der Frühmesse für seine Mutter ein Trost sein könnte.
- Schließlich entscheidet er sich für den Kirchenbesuch, nicht ohne noch einmal vor sich selbst eine Art Entschuldigung zu formulieren, dass dies ja nicht „schaden“ (30/8) könne.
- Doch schon beim Betreten der Kirche wird Gustl von seinen unterdrückten Gefühlen überwältigt, ihm wird „ganz schwindlig“ (30/9 f.) und ihn überkommt tiefe Einsamkeit, aus der heraus er zur Beichte bereit wäre, nur um mit einem Menschen zu sprechen.
- Gustl versucht seine Gefühle zu unterdrücken, indem er abwertend vom Pfarrer als „Pfaff'“ (30/12) spricht und sich dessen Überraschung vor Augen hält, wenn er ihm seinen Selbstmord ankündigt.
- Im gleichen Augenblick überkommt ihn die Sehnsucht nach Trost, und er wünscht sich, dass er seinen Gefühlen freien Lauf lassen und weinen könnte.
- Doch der selbst auferlegte Zwang und die Außensteuerung durch die Umwelt bestimmen Gustls Handeln („Ah nein, das darf man nicht tun!“, 30/15).
- Der seelischen Beklommenheit, die Gustl zu unterdrücken sucht, folgt die körperliche Schwäche: Er muss sich setzen, seine Hände zittern und er beneidet eine alte Frau darum, dass sie beten kann. Gleichzeitig versucht er aber durch eine abwertende Formulierung, das „alte Weib da“ (30/21), seine emotionale Anspannung vor sich selbst zu überspielen.

- Als er dann noch die Musik des Vorabends wiedererkennt, ergreift er panisch die Flucht nach draußen, plötzlich stört ihn auch das Geräusch seines auf dem Boden scheppernden Säbels.
- Vor der Kirche wird ihm klar, dass seine Zeit abläuft, „es kommt immer näher“ (30/28), und er beklagt, dass er seinen Revolver nicht mitgenommen und sich im Prater erschossen hat.
- Als wolle der Körper Gustl von seiner seelischen Krise ablenken, meldet sich sein Hunger, und Gustl überkommt die Idee, als Henkersmahlzeit noch einmal zu frühstücken.

Sprachliche Gestaltung

- Beim Betreten und später beim fluchtartigen Verlassen der Kirche spiegelt sich Gustls aufgewühlte Stimmung in Ellipsen und Pausen, die durch einen Gedankenstrich gekennzeichnet sind.
- Der innere Monolog zerfällt in dieser Kirchenszene in kurze von Pausen unterbrochene Sequenzen.
- Erst nachdem Gustl die Kirche wieder verlassen hat, werden die Gedanken allmählich ruhiger und zusammenhängender.
- Die dreifache Wiederholung „O Gott“ (30/10) zeigt Gustls emotionale Überwältigung, als er die Kirche betritt.
- Durch zynische Bemerkungen – „heut’ nach Tisch’“ (30/4 f.), „Habe die Ehre, Hochwürden; jetzt geh’ ich mich umbringen!“ (30/13 f.) – versucht Gustl sich selbst wieder aufzurichten.
- Mehrfach spricht Gustl sich selbst mit Aufforderungen an.
- Seine innere Unsicherheit wird mehrfach durch die Verwendung des Konjunktivs II unterstrichen („Das wär’ so was“, 30/11; „am liebsten läg’ ich“, 30/14; „Wär’ eine Idee“, 30/21).

IV

Textstelle: S. 34/23 bis zum Schluss der Novelle

Aufgabe:
Analysieren Sie die Textstelle und untersuchen Sie dabei Gustls Haltung.

Einleitung
Ein letztes Mal vor seinem geplanten Selbstmord betritt Gustl sein Stammkaffee, um zu frühstücken. Seine innere Anspannung ist offensichtlich, denn er hält es für überflüssig, dass der Kellner für ihn den Frack anlegt, er zieht seinen Mantel nicht aus und sucht zerstreut eine Notiz über seinen Selbstmord in der Tageszeitung. Dann aber fallen Hast und Unruhe von ihm ab, und er genießt seinen Kaffee.

Analyse

a) Inhalt

- Als der Kellner, der ihm Brötchen gebracht hat, geheimnisvoll fragt: „Haben Herr Leutnant schon gehört?“ und in diesem Zusammenhang den Namen des Bäckermeisters nennt, durchfährt Gustl ein tiefer Schreck. Er befürchtet sogleich, dass der Bäckermeister den Vorfall vom vorhergehenden Abend schon weitererzählt haben könnte.
- Im Verlauf des Gesprächs mit dem Kellner erfährt Gustl, dass der Bäckermeister nach dem Konzertbesuch einem Schlaganfall erlegen ist.
- Seine Freude über dessen Tod verbirgt Gustl hinter der Maske des Mitfühlenden.
- Doch in Gedanken kann er sein Glücksgefühl kaum bändigen, und er belohnt sich mit einer Zigarre, nachdem er zuvor bei seinem Gang durch die Nacht keinerlei Bedürfnis verspürt hatte zu rauchen.
- Zynisch dankt er dem toten Bäckermeister für die ‚famosen' Brötchen, die er gedankenverloren in seinen Kaffee eingetaucht hat.
- Alle Last ist mit einem Mal von Gustl abgefallen, jeglicher Gedanke an Selbstmord ist vergessen, und er plant den Ablauf dieses Glückstages.
- Nach seinem Dienst, Gewehrgriffe üben und Exerzieren, wird er seiner Freundin Steffi schreiben, um sich am Abend mit ihr zu treffen. Zuvor jedoch wird er das Duell austragen, und er droht seinem Gegner, ihn zu zerfetzen.

b) Personen/Sprache

- Die Szene erinnert an ein kurzes Drama. Die dialogischen Passagen sind durchzogen vom inneren Monolog Gustls. Dabei entlarvt er sich selbst durch die Widersprüche zwischen Gesagtem und Gedachtem, und so wird, wie im Beiseitesprechen auf der Bühne, Gustls tatsächliche Weltsicht offenkundig.
- Der Kellner spricht Gustl fast unterwürfig fortgesetzt mit „Herr Leutnant“ an, seine Sicht auf Gustl bleibt unverändert, während Gustl sich nach der beglückenden Nachricht allmählich wieder vom angstbesetzten Selbstmordkandidaten in den Leutnant Gustl zurückverwandelt, der wieder zum Tagesgeschäft zurückkehren kann.
- Dem Kellner gegenüber spielt Gustl den recht unbeteiligten Kaffeehausbesucher, der den Bäckermeister nur vom Sehen her kennt.
- Der Kellner beantwortet die Fragen Gustls sehr ausführlich und mit echter Anteilnahme.
- Während Gustl wortkarg nachfragt und scheinbar unbeteiligt die Zeitung zu lesen vorgibt, ist der innere Monolog gekennzeichnet von Erregung und Freude, die sich in emotional aufgeladenen Wiederholungen („ich möchte ja“, 35/16 f.; „Tot ist er – tot ist er!“, 36/2 f.) zeigt.

c) Gustls Haltung

- Die Ehre, die Gustl vorgibt zu verteidigen, ist nur die Angst, dass irgendjemand von seiner Hilflosigkeit bei der Auseinandersetzung mit dem Bäckermeister erfährt.
- Seine militärische Erziehung hat ihm Normen vermittelt, die nicht in seinem Innern verankert sind.
- Er bleibt der ängstliche ‚Bub', der gegenüber Unterlegenen forsch auftritt; so weiß er, dass er dem Rechtsanwalt im Duell aufgrund seiner Ausbildung überlegen ist.
- Seine Behauptung, dass sein Gewissen ihn – auch ohne einen sonstigen Mitwisser – zum Selbstmord zwingt, ist nur vorgetäuscht. In dem Augenblick, in dem es keinen Mitwisser mehr gibt, ist dieser Gedanke wie weggewischt.
- Damit ist auch die Frage nach seiner eigenen Satisfaktionsfähigkeit beantwortet.
- Gustls Verlogenheit wird in dem Gespräch mit dem Kellner deutlich.
- Der Umschwung von Lebensangst zu Aggressivität zeigt die innere Unausgeglichenheit Gustls.

Zur *Traumnovelle*

I

Aufgabe

1. Erarbeiten Sie den zentralen Gedanken des Auszugs aus Freuds *Die Traumdeutung* (1900).
2. Zeigen Sie anhand Albertines Traum Unterschiede und Übereinstimmungen Schnitzlers mit der Ansicht von Freud.

> "Traumgedanken und Trauminhalt liegen vor uns wie zwei Darstellungen desselben Inhaltes in zwei verschiedenen Sprachen, oder besser gesagt, der Trauminhalt erscheint uns als eine Übertragung des Traumgedanken in eine andere Ausdrucksweise, deren Zeichen und Fügungsgesetze wir durch die Vergleichung von Original und Übersetzung kennen lernen sollen. Die Traumgedanken sind uns ohne weiteres verständlich, sobald wir sie erfahren haben. Der Trauminhalt ist gleichsam in einer Bildersprache gegeben, deren Zeichen einzeln in die Sprache der Traumgedanken zu übertragen sind. Man würde offenbar in die Irre geführt, wenn man diese Zeichen nach ihrem Bilderwert anstatt nach ihren Zeichnbeziehungen lesen wollte. […] Das erste, was dem Untersucher bei der Vergleichung von Trauminhalt und Traumgedanken klar wird, daß hier eine großartige Verdichtungsarbeit geleistet wurde.

> Der Traum ist knapp, armselig, lakonisch im Vergleich zu dem Umfang und zur Reichhaltigkeit der Traumgedanken. Der Traum erfüllt niedergeschrieben eine halbe Seite; die Analyse, in der die Traumgedanken enthalten sind, bedarf das Sechs-, Acht-, Zwölffache an Schriftraum." (Freud, 1961, S. 234 f.)

Zu 1

Freud unterscheidet zwischen „Traumgedanken" und „Trauminhalt". Er vergleicht zunächst den Zusammenhang dieser beiden Vorstellungen mit demselben Inhalt eines Textes in zwei unterschiedlichen Sprachen. Im erweiterten Vergleich präzisiert er, dass der „Trauminhalt" als Übersetzung des „Traumgedankens" in eine andere Darstellungsform gesehen werden kann. Dabei wird der „Traumgedanke", der sozusagen das Original darstellt, in eine Bildersprache übersetzt, deren einzelne Zeichen in ihrer Bedeutung kennengelernt werden müssen. Hierbei kommt es nicht auf den „Bildwert" der einzelnen Zeichen an, sondern auf die Beziehung der Zeichen zueinander.
Der Inhalt des Geträumten ist „knapp" und „lakonisch", weil im Traum eine Verdichtungsarbeit geleistet worden ist. Das Gemeinte des Traumes, der „Traumgedanke" verlangt nun eine Entschlüsselung, die weitaus umfangreicher ist als der „Trauminhalt". Der „Traumgedanke" ist sofort verständlich, sobald man ihn erfasst hat, der Trauminhalt dagegen muss entschlüsselt werden, die „Verdichtung" muss zudem dekomprimiert werden.

Zu 2

Schnitzler weist darauf hin, dass er Freuds Entschlüsselungstechnik, die auf einem Repertoire festgelegter Bildzeichen beruht, ablehnt. Dennoch stimmen Freud und Schnitzler darin überein, dass Träume nicht selten Wunschcharakter haben.
Anstelle des Unbewussten bei Freud und der Verdrängung und Verdichtung von Gedanken im Traum setzt Schnitzler das Mittelbewusstsein, das immer verfügbar ist. Zudem ist der Traum für Schnitzler eher das innere Sehen von Bildern. So lässt sich auch Albertines Traum, nach Freud ihr „Trauminhalt", ohne die Kenntnis einer eigenen Bildersprache aufgrund von Erlebnissen, Gedanken und Gefühlen auf den „Traumgedanken" zurückführen.
Beispiel für diesen Unterschied: Albertines Nacktheit im „Trauminhalt" müsste nach Freud entschlüsselt werden auf den „Traumgedanken" „Scham"; Albertine jedoch formuliert diesen Gedanken in ihrer Erzählung selbst („brennende Scham bis zu innerer Vernichtung", 51/36 f.), so dass es für das Verständnis des „Trauminhaltes" keiner Analyse bedarf.
Albertines Traum nimmt konkrete Ereignisse und Situationen auf, die im Sinne ihrer Wunschvorstellungen abgewandelt werden, und kleidet sie in eine Abfolge von Bilderzyklen:

- Fridolins Einkäufe in der Stadt, während Albertine sich mit einem Mann auf einer Wiese vergnügt, kehren die Arbeitsteilung der Familie um. Fridolin wird zu hausfraulicher Arbeit gezwungen, während Albertine sich ungestört ihrer sexuellen Lust hingeben kann, die Fridolin als männliches Privileg sieht.
- Das Auftreten des Mannes, der an den Dänen erinnert, nimmt Albertines geheime Wünsche nach einer Liebesbeziehung zu diesem Mann auf.
- Fridolins Weigerung, die Fürstin zu heiraten, seine unbedingte Treue bis zum Kreuzestod gegenüber Albertine, ist die Umkehrung der gesellschaftlichen Situation, dass Männer – im Unterschied zu Frauen – ihre sexuelle Freiheit ausleben dürfen. Damit wird er zum Spiegel der Erfahrungen von Albertine.

Schnitzler verwendet die Bildzeichen von Albertines Traum, um aus veränderter Perspektive das Beziehungsgeflecht des Ehepaares zu beleuchten.

II

Textstelle:
S. 45/6 – S. 46/104

Aufgabe:
Analysieren Sie den Inhalt des Textausschnitts im Hinblick auf die Situation Fridolins und die Erzählperspektive.

Lösungsaspekte

a) Einleitung
Das 4. Kapitel der *Traumnovelle* schildert die nächtlichen Erlebnisse Fridolins, deren Höhepunkt ein geheimnisvoller Ball ist.
b) Einordnung in den Kontext
Nachdem Fridolin auf dem Ball als ungeladener Eindringling entdeckt worden ist und aus diesem Grund seine Maske und damit seine Anonymität verlieren soll, hat sich die unbekannte Warnerin für ihn geopfert und die ihr bekannte Strafe auf sich genommen. Fridolin wird des Balls verwiesen. Noch einen Blick kann er auf diese Frau werfen, die er zu lieben glaubt, bevor er von einer Kutsche abgeholt wird. Auf der Fahrt in dieser Kutsche versucht Fridolin sich über das Erlebte klar zu werden.
c) Situation Fridolins
- Wie in einem Gefängnis wird Fridolin in der schwarzen Kutsche durch die Nacht gefahren. Noch hat er nicht bemerkt, dass die Türen verschlossen sind, die Fenster nicht geöffnet werden können und der Kutscher durch

eine undurchsichtige Glaswand von ihm getrennt ist. Auch Fridolins Gedanken beweisen, dass er die Situation, in der er sich befindet, nicht rational beurteilt. Er bleibt, was die Ereignisse und die unbekannte Frau betrifft, in seinen eigenen Vorstellungen gefangen. Er schwankt zwischen Sehnsucht nach der aufopferungsvollen Retterin und deren verächtlichen Abwertung als Prostituierte, der es sicherlich nichts ausmache, sich vielen Männern hinzugeben.

- Letztlich glaubt er, dass das Ganze nur „ein infamer Spaß" (45/24) gewesen sei. Dennoch verunsichert ihn die Haltung der unbekannten Warnerin, der er keine „Lüge" (45/30) zutraut.
- Schließlich glaubt Fridolin die Lösung für das Verhalten der Unbekannten gefunden zu haben: in dieser Nacht sei offenbar „ein seltsamer, unwiderstehlicher Zauber" (45/35 f.) von ihm ausgegangen, der „als Wunder" gewirkt und die Frau innerlich verwandelt habe.
- Auch die Fahrt der Kutsche auf unbekannten Wegen deutet Fridolin als „Fortsetzung" der „Komödie" (46/6) oder als Aufnahmeritual der geheimen Gesellschaft, als deren Lohn die unbekannte Warnerin auf ihn wartet.
- Fridolin behält – auch nach dem unfreiwilligen Verlassen des Balls – seine egozentrische Deutung des Geschehens bei. Nach wie vor ist die zentrale Triebfeder seines Handelns seine sexuelle Lust, die offenbar jegliches Gespür für Bedrohung unterdrückt.

d) Perspektive
- Die ersten beiden Sätze setzen einen auktorialen (allwissenden) Erzähler voraus, der Fridolins Gedanken kennt.
- Die folgenden Fragen und Überlegungen nehmen eine noch stärker auf Fridolins Perspektive ausgerichtete Haltung der „erlebten Rede" ein. Sie ist nicht so unmittelbar wie der „innere Monolog", dennoch folgen wir den Gedanken Fridolins unmittelbarer als durch die Sicht eines allwissenden Erzählers.

e) Sprache
- Es sind vor allem Fragen, die Fridolins Gedanken in „erlebter Rede" wiedergeben. Häufig wird die Antwort im nachfolgenden Satz gegeben.

f) Schluss
- Fridolin vermag weder sich selbst noch seine Umwelt zutreffend zu beurteilen. Sich selbst sieht er als unwiderstehlichen Verführer, von dem ein Zauber ausgegangen sei, so dass sich die Frau seinetwegen geopfert haben könnte. Ihr Opfer scheint ihm allerdings gering, da es ihr als Dirne wohl nichts ausmache, mit vielen Männern zu verkehren. Selbst die Gefahr, in der er sich befinden könnte, wird ihm erst allmählich klar, obgleich ihn das unerwartete Auftauchen der Kutsche hätte verwundern müssen.
- Der Konflikt mit Albertine ist gerade in dieser vor allem auf sich selbst bezogenen Haltung begründet.

III

Textstelle:
Kapitel 7, S. 80 f. (Schluss)

Aufgabe: Analysieren Sie den Schluss der Novelle im Hinblick auf die Konfliktsituation und das Verhältnis zwischen Albertine und Fridolin. Berücksichtigen Sie dabei die Erzählperspektive.

Lösungsaspekte

a) Einleitung
Im letzten Kapitel der *Traumnovelle* deutet sich ein positives Ende der krisenhaften Erlebnisse und des Ehekonflikts an.
b) Kontext
Der zweite nächtliche Gang, der Fridolin noch einmal zu den Orten und Personen der vorangegangenen Nacht geführt hat und letztlich eine Suche nach der unbekannten Retterin ist, endet im Leichenschauhaus. Hier glaubt Fridolin die Gesuchte gefunden zu haben. Nachdem er die Tote betrachtet hat, schließt er innerlich mit seiner Suche und seiner Sehnsucht nach der unbekannten Frau ab.
c) Konflikt
- Nach seiner Rückkehr in der Nacht schleicht sich Fridolin in das Schlafzimmer, noch will er offenbar seine Erlebnisse verheimlichen.
- Doch als er seine schlafende Frau sieht, überkommt ihn ein Gefühl „von Zärtlichkeit, […] von Geborgenheit" (80/7), und er beschließt, Albertine die Ereignisse zu erzählen.
- Doch noch immer ist er nicht bereit, ihr gegenüber ehrlich zu sein. Die Abenteuer der Nacht will er zunächst so erzählen, als habe er sie geträumt. Das Geständnis erhält damit denselben Charakter wie Albertines Traum, obgleich Fridolin die Wirklichkeit wiedergibt.
- Umgekehrt hat Fridolin Albertines Traumerzählung als ihre wirklichen Wünsche und Empfindungen aufgenommen und mit Wut und Hass darauf reagiert.
- Als er neben der schlafenden Albertine auf seinem Kopfkissen die Maske, die er am Abend zuvor getragen und zu Hause vergessen hat, entdeckt, wird ihm bewusst, dass seine Frau weiß, dass er Geheimnisse vor ihr verbirgt.
- Die emotionalen Belastungen der beiden Nächte lassen Fridolin in diesem Augenblick zusammenbrechen, da er nun plötzlich die Gefährdung seiner Ehe erkennt.
- Die Art, wie Albertine allerdings die Maske arrangiert hat, lässt Fridolin auf ein Wohlwollen seiner Frau hoffen.

- Der erwachenden Albertine gesteht er nun seine nächtlichen Abenteuer und erfüllt damit zum ersten Mal das gegenseitige Versprechen, „einander solche Dinge künftighin immer gleich [zu] erzählen“ (8/11 f.)

d) Verhältnis

- Fridolin ist zutiefst getroffen von der heimlichen Sehnsucht seiner Frau nach einem anderen Mann (dem jungen Dänen).
- Die Traumerzählung Albertines vertieft dieses Gefühl bis zum Hass, da Fridolin in diesem Traum sexuelle Lust und Gefühllosigkeit ihm gegenüber zu erkennen glaubt, ihm also Wirklichkeitscharakter zugesteht.
- Aus diesem Gefühl heraus sucht Fridolin sich durch Untreue an seiner Frau zu rächen. Dieser ‚Rachefeldzug‘ misslingt jedoch vollständig.
- Albertines Traum zeigt, dass sich bei ihr sehr offenkundig eine große sexuelle und emotionale Enttäuschung eingestellt hat.
- Ihr Ausbruchsverlangen aus der Ehe kündigt sich schon sehr früh an (der junge Mann in Dänemark).
- Der Traum ist die Fortsetzung des Wunsches, allerdings im Gegensatz zu Fridolin ist es ein erfüllter Wunsch des Ehebruchs. Entsprechend der Erziehung und Rollenfixierung Albertines gelingt ihr dies nur im Traum.
- Das Geständnis Fridolins und Albertines Nachsicht beenden zumindest für diesen Zeitpunkt den Konflikt.
- Trotz des offenkundig positiven Endes (Symbol der Sonne und des Kinderlachens) bleibt das Verhältnis labil und ist nicht endgültig geklärt.

e) Erzählperspektive

- Im ersten Abschnitt ist ein neutraler Erzähler vorhanden. In der Abfolge der ineinander geschachtelten Informationen spiegelt sich die Eile der Heimkehr wider.
- Es folgt eine stärker auktorial ausgerichtete Perspektive, die die Gefühle Fridolins verdeutlicht.
- Diese Perspektive geht allmählich in die erlebte Rede über, in der Fridolins Erschrecken über die Maske, Reflexion möglicher Gedanken Albertines sowie Beurteilung des Arrangements der Maske dargestellt wird, um wieder (ab S. 80/32) in die neutrale Perspektive überzugehen, die bis zum Schluss weitgehend eingehalten wird. Sie wird nur unterbrochen durch Wiedergabe wörtlicher Rede.
- Die Erzählperspektive folgt also dem Prinzip vom Neutralen zum Individuellen und zurück.

IV

Textstelle:
S. 63/35 – S 65/25

Aufgabe:
Analysieren Sie den Auszug und erarbeiten Sie Fridolins seelische Verfassung sowie sein Selbstbild.

Einordnung in den Kontext
Nach dem vergeblichen Versuch, Nachtigall wiederzutreffen, dem Besuch bei Gibiser, bei dem er erkennen muss, dass einer der Femerichter mit Duldung des Vaters die Nacht bei Pierrette zugebracht hat, und nach der erfolgreichen Suche nach der geheimnisvollen Villa, die jedoch mit einer weiteren Warnung endet, begibt sich Fridolin zur Mittagszeit wieder nach Hause.

Inhalt und Situation
- Die Warnung, die Fridolin in einem Brief überreicht worden ist, beunruhigt ihn kaum, vielmehr glaubt er nun zu wissen, dass die unbekannte Frau, die er beim Ball kennengelernt hat, noch lebt.
- In „einer seltsam erlösten Stimmung“, die mit dieser Einschätzung zusammenhängt, betritt er sein Haus.
- Während er sein Mittagessen einnimmt, erinnert er sich wieder daran, dass Albertine ihn im Traum „ans Kreuz hatte schlagen lassen“ (64/2 f.), doch zu seiner eigenen Überraschung glaubt er in diesem Moment keinen Hass Albertine gegenüber zu empfinden.
- Vielmehr erzählt er ihr von seinem Plan, sich wieder mit größerer Energie seinen akademischen Forschungen zu widmen.
- Erst als Albertine, die offenbar derartige Ankündigungen aus der Vergangenheit kennt, ihm über die Haare streicht, fühlt er sich unangenehm berührt und wendet sich seiner Tochter zu.
- Als er zu Patienten gerufen wird, gibt er Albertine noch den Rat, die sonnige Nachmittagszeit zum Spaziergang mit der Tochter zu nutzen.
- Nach der Behandlung seiner Patienten sucht er Marianne auf.
- Marianne glaubt er ohne Mühe verführen und sich damit an Albertine rächen zu können für ihre Herzlosigkeit, mit der sie sein Martyrium im Traum beobachtet hat.

Das Verhalten von Fridolin ist überaus ambivalent. Seinen seelischen Konflikt, der durch den nächtlichen Ball ausgelöst worden ist, glaubt er überwunden zu haben. Stattdessen plant er – scheinbar rational –, sich an Albertine für ihr „Traumgeschehen“ zu rächen. Er nimmt Albertines Traum als Ausdruck ihrer unmittelbaren emotionalen Wirklichkeit und redet sich ein, sich mit Ehebruch an diesem Traum und damit an ihrem Verhalten ihm gegenüber rächen zu können.

Seelische Verfassung

- Fridolin überspielt seine Erlebnisse, indem er Albertine mit Belanglosigkeiten unterhält, ihr seine gute Laune vorspielt, die innere Unsicherheit und Verstimmung aber verbirgt.
- Seine unwillige Reaktion auf Albertines mütterliche Geste, mit der sie ihm über die Haare streicht, zeigt seine wirkliche Verfassung und Ablehnung.
- Die Zuwendung zu seiner Tochter ist gleichfalls eine Abwehrhaltung gegenüber Albertine.
- Auch mit die Behandlung seiner Patienten sucht Fridolin sich abzulenken von seinem inneren Konflikt und Albertine aus dem Weg zu gehen.
- Das harmonische Bild, das sich ihm zeigt, als er noch einmal nach Albertine und dem Kind sieht (64/30 ff.), kann er in seiner inneren Zerrissenheit nur als „Schein und Lüge" (64/36) erkennen.
- Fridolins innerer Konflikt wird erst durch das Geständnis seiner missglückten sexuellen Begegnungen gelöst.
- Mit Neid hat Fridolin den beruflichen Erfolg von Mariannes Verlobten zur Kenntnis genommen, daher ist die geplante Verführung Mariannes auch eine Rache an Dr. Roediger.

Selbstbild

- Fridolin möchte aus seiner Rolle als zuverlässiger Ehemann, Vater und Arzt ausbrechen.
- Er entwirft ein Wunschbild von sich als Wüstling, Verführer und Zyniker.
- Seine innere Ablehnung Mariannes am Tag zuvor meint Fridolin durch seinen irrationalen Racheplan überwinden und sie verführen zu können. Das zweite Scheitern ist vorauszusehen.
- Albertine möchte er „kühl lächelnd alle seine Sünden eingestehen" (65/23), um Vergeltung zu üben, dabei weiß er tief in seinem Innersten, dass alle Versuche des Ehebruchs gescheitert sind.
- Dass Fridolin Albertines sexuelle Träume und Wünsche offenbar kaum erfüllen kann, verdrängt er durch das Selbstbild als Verführer und Wüstling.
- Es zeigt sich zudem, dass er gerade nicht den Mut hat, Albertine seine Erlebnisse einzugestehen, sondern aus Feigheit zu Lügen greift.
- Seine tief sitzenden Ängste vor Krankheit, Tod und Verletzung machen ihn gerade nicht zum Helden, und seine Versagensangst versucht er durch das Bild des Draufgängers vor sich selbst zu verbergen.

